IFCD47

# PROGRAMACIÓN CON SQL Y BASES DE DATOS RELACIONALES

**IFCD47**

# PROGRAMACIÓN CON SQL Y BASES DE DATOS RELACIONALES

*Rafael Núñez*

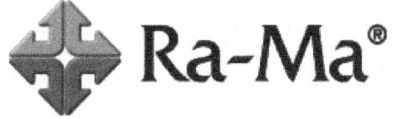

La ley prohíbe
fotocopiar este libro

IFCD47 - PROGRAMACIÓN CON SQL Y BASES DE DATOS RELACIONALES
Thema: UN Bases de datos
BISAC -COM021000 Database
© Rafael Núñez
© De la edición: Ra-Ma 2025

Editado por:
RA-MA Editorial
Calle Jarama, 3A, Polígono Industrial Igarsa
28860 PARACUELLOS DE JARAMA, Madrid
Teléfono: 91 658 42 80
Fax: 91 662 81 39
Correo electrónico: *info@grupoeditorialrama.com*
Internet: *www.ra-ma.es* y *www.ra-ma.com*
ISBN impreso: 979-13-8764-213-6
Depósito legal: M-1862-2025
Maquetación: Antonio García Tomé
Diseño de portada: Antonio García Tomé
Filmación e impresión: Safekat
Impreso en España en enero de 2025

# ÍNDICE

# INTRODUCCIÓN

## 1.1 ORIGEN Y EVOLUCIÓN DE LAS BASES DE DATOS

### Primera generación (años 50)

- ▶ El fichero no existe, los datos solo existen dentro de los programas.
- ▶ Nuevos soportes.
  - ● Cinta perforada y magnética. Acceso secuencial. Posibilidad de búsqueda de información.
- ▶ Acceso a ficheros: lenguaje máquina y ensamblador.

### Segunda generación (años 60)

- ▶ Diálogo interactivo con la máquina.
- ▶ Disco magnético acceso directo (finales 50).
- ▶ Organización secuencial indexada (ISAM).
- ▶ Sistemas de ficheros (sistemas orientados al proceso).

### Segunda generación (años 60)

- ▶ Sistemas de ficheros.
  - ● Asociación estática de los ficheros a los programas de forma individual.
    - – Ficheros integrados en la aplicación y el hardware.
    - – Ficheros a la medida de la aplicación.
    - – Formatos de ficheros heterogéneos.
    - – Redundancia y problemas de compartición.

## Tercera generación (años 70, prerelacional)

▶ Unificación de la información sin perder la perspectiva de usuarios.
▶ Distinción entre estructura lógica global y vista de usuario.
  • Arquitectura a dos niveles.
▶ Distinción entre significado y valor almacenado.

▶ Evolución de las bases de datos.

  • En aplicaciones técnicas/militares: hechas a medida.

  • Años 60: primer software para un conjunto de aplicaciones: BOMP, CFMS, etc.

  • 1962-64: introducción de estructuras de **cadenas** y **anillos** por Bachman (IDS → Codasyl).

  • 1969 (Desde 1965): IMS/1 de IBM, inicialmente diseñada para el proyecto Apollo.

  • 1968: CODASYL a partir del modelo de Bachman establece el concepto de conjunto (**set**) → **Modelo RED**.

## Cuarta generación (años 80, relacional)

▶ Nuevos productos: sistemas de Bases de Datos.
▶ Control centralizado → evita y/o controla la redundancia.
▶ Clara distinción entre el modelo lógico y el físico.
  • Modelo Relacional **solo** tiene representación lógica.
▶ Alto grado de independencia de datos.
▶ Almacenamiento transparente al usuario.
▶ Lenguajes más potentes (*Qué* en lugar de *Cómo*).
▶ Modelo relacional (Codd, 1969-1970).
  • Basado en el álgebra y la teoría de conjuntos y relaciones binarias.
  • Prototipos.
    – INGRES Universidad de Berkeley (1973-75).
    – SYSTEM-R de IBM (1974-77).
  • Sistemas comerciales.
    – INGRES de RTI (1980)
    – SQL/DS de IBM (1981).
    – ORACLE de RSI (1981).
    – DB2 de IBM (1983).

### Quinta generación (años 90, postrelacional)

- Bases de datos deductivas.
- Bases de datos orientadas a objetos.
- Objeto-Relacional.
- Bases de datos activas.
- Datos no estructurados.
- Bases de datos NoSQL.

## 1.2 CONCEPTO DE BASE DE DATOS. OBJETIVOS

### 1.2.1 Sistemas orientados al Proceso

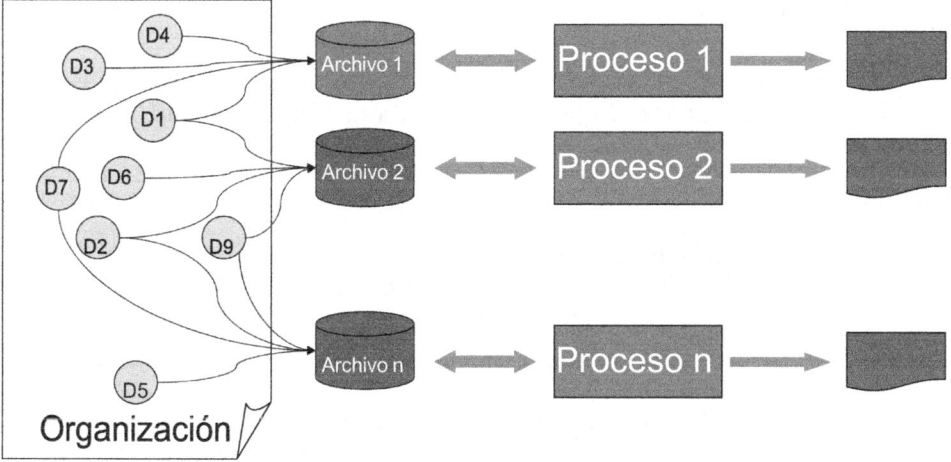

### Inconvenientes

- Redundancia.
  - Desaprovechamiento de espacio de almacenamiento.
  - Excesivo mantenimiento.
  - Inconsistencia de los datos.
- Poca flexibilidad frente a cambios.
- Baja productividad.
- Limitación de recursos compartidos.
- Medidas de seguridad difíciles.
- Dificultad para hacer cumplir las normas de la empresa.

▶ Aislamiento de los datos.

▶ Atomicidad difícil de conseguir.

▶ Anomalías de accesos concurrentes.

▶ Imposible responder a demandas inesperadas de información.

- Dificultad de acceso a los datos (los datos están, pero no pueden ser convenientemente accedidos).

▶ Dependencia de datos y aplicaciones.

## Objetivos de las BBDD

▶ Independencia de datos (Flexibilidad).

- Los cambios en las aplicaciones no deben imponer un nuevo diseño y viceversa.

▶ Coste mínimo.

- Adaptación rápida y con coste mínimo a las nuevas características de la empresa.

▶ Datos compartidos.

- Permite una mayor disponibilidad de los datos.

▶ Versatilidad en la representación de los datos.

- Distintos usuarios quieren ver de forma distinta los datos.

## Objetivos

▶ Capacidad de búsqueda.

- Rapidez y flexibilidad en la exploración de la base de datos.

▶ Consistencia y mínima redundancia.

- Evitar repetición innecesaria de datos y la incoherencia entre estos.

▶ Integridad.

- Garantizar la exactitud y veracidad de los datos.

▶ Tolerancia a fallos y seguridad.

- Protección de los datos ante accesos no autorizados y fallos.

## Definiciones (I)

▶ *Colección de datos interrelacionados.* (Elmasri y Navathe, 1989).

▶ *Colección* **no redundante** *de datos que son* **compartidos** *por diferentes programas de aplicación.* (Howe, 1983).

▶ *Conjunto de datos de la empresa memorizado en un ordenador, que es utilizado por numerosas personas y* **cuya organización está regida por un modelo de datos**. (Flory, 1982).

## Modelo de Datos

▼ Conjunto de herramientas conceptuales para describir los datos, las relaciones entre ellos, su semántica y las restricciones de consistencia que les afectan.

▼ Tipos.
  ● Semánticos (Conceptuales) (No tienen representación en máquina).
  ● Lógicos (Convencionales) (Sí tienen representación en máquina).
    – Red (CODASYL).
    – Jerárquico.
    – Relacional.

## Esquemas y Ejemplares

▼ El resultado de representar una información en un determinado modelo de datos es un esquema de datos en ese modelo.
  ● Subesquemas.
  ● Esquema lógico.
  ● Esquema físico.
▼ Un ejemplar del esquema es la información que el esquema tiene en un momento determinado.

## Definiciones (II)

▼ *Una base de datos es un conjunto de información almacenada en memoria auxiliar que permite acceso directo, y un* **conjunto de programas que manipulan esos datos**.

▼ *Una base de datos es un conjunto exhaustivo, no redundante de datos estructurados,* **organizados independientemente de su utilización y su implementación en máquina**, *accesibles en tiempo real y compartibles por usuarios concurrentes que tienen necesidad de información diferente y no predecible en el tiempo.*

## Definiciones (y III)

▼ *"Colección o depósito de datos integrados, con redundancia controlada y con una estructura que refleje las interrelaciones y restricciones existentes en el mundo real; los datos, que han de ser compartidos por diferentes usuarios y aplicaciones, deben mantenerse independientes a estas, y su definición y descripción, únicas para cada tipo de dato, han de estar almacenados junto con los mismos. Los procedimientos de actualización y recuperación, comunes y bien determinados, habrán de ser capaces de conservar la integridad, seguridad y confidencialidad del conjunto de los datos.*" (de Miguel y Piattini, 1999).

## 1.3 INDEPENDENCIA DE LOS DATOS. ARQUITECTURA

Garantía de consistencia frente a accesos concurrentes y tolerancia a fallos.

### Concepto de Transacción

▼ Conjunto de operaciones que deben realizarse de forma atómica (todas o ninguna).

▼ Garantizar la consistencia de los datos.

▼ Debe estar aislada de otras transacciones.

▼ Debe perdurar en el tiempo, los cambios que produce deben quedar reflejados en la base de datos.

▼ SQL.

- COMMIT/ROLLBACK.

Implica la separación lógica y física de los datos en la base de datos.

▼ Influencia en la arquitectura del sistema.

▼ Grado de dependencia.

▼ *ANSI: "La independencia de los datos es la capacidad de un sistema para permitir que las referencias a los datos almacenados, especialmente en los programas y en sus descriptores de los datos, estén aislados de los cambios y de los diferentes usos en el entorno de los datos, como pueden ser la forma de almacenar dichos datos, el modo de compartirlos con otros programas y cómo se reorganizan para mejorar el rendimiento del sistema de Bases de Datos."*

### Independencia de datos es (I)

▼ La capacidad de un sistema de gestión de bases de datos para permitir que las referencias a los datos almacenados, especialmente en los programas y sus descripciones de los datos, estén aisladas de los cambios y de los diferentes usos en el entorno de los datos, como pueden ser:

- La forma de almacenar dichos datos.
- El modo de compartirlos con otros programas.
- Cómo se reorganizan para mejorar el rendimiento del sistema de bases de datos.

## Independencia de datos es (II)

▾ La inmunidad de las aplicaciones ante cambios de la estructura de almacenamiento y de los métodos de acceso.

## 1.3.1 Tipos de independencia

▾ De descripción.
  - Separación de la definición de datos a nivel físico y lógico.
▾ De manipulación.
  - Independencia respecto a los caminos de acceso y soportes físicos.

## Independencia lógica

*Capacidad para modificar el esquema **lógico** sin provocar que los programas de aplicación tengan que reescribirse.*

## Independencia física

*Capacidad para modificar el esquema **físico** sin provocar que los programas de aplicación tengan que reescribirse.*

## ¿Cómo se consigue la independencia de datos?

▾ Arquitectura a tres niveles.
  - Propuesta por el comité ANSI/X3/SPARC (1975).
    - Nivel externo.
    - Nivel conceptual.
    - Nivel interno.

- Asocia a cada nivel un esquema.
  - Esquema externo.
  - Esquema conceptual.
  - Esquema interno.
▷ Arquitectura a tres niveles.

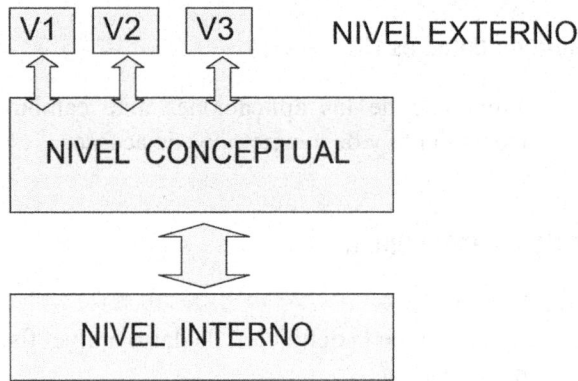

- **Nivel Externo**: visión que de la base de datos tiene un usuario o aplicación en particular. Habrá tantas vistas de la base de datos como exijan las diferentes aplicaciones. Las vistas se derivan directamente del esquema conceptual, o de otras vistas, y contienen una descripción de los elementos de datos y sus interrelaciones orientadas al usuario o aplicación y de las que se compone la vista. Una misma vista puede ser utilizada por varias aplicaciones.

- **Nivel Conceptual**: contiene el diseño conceptual de la base de datos, que implica el análisis de las necesidades de información de los usuarios y las clases de datos necesarias para satisfacer dichas necesidades. El resultado del diseño conceptual contiene la descripción de todos los datos y las interrelaciones entre ellos, así como las restricciones de integridad y de confidencialidad.

- **Nivel Interno**: en él se define la estructura física de la base de datos: dispositivos de almacenamiento físico, direcciones físicas, estrategias de acceso, relaciones, índices, apuntadores, etc. Es responsabilidad de los diseñadores de la base de datos física. Ningún usuario, en calidad de tal, tiene conocimiento de este nivel.

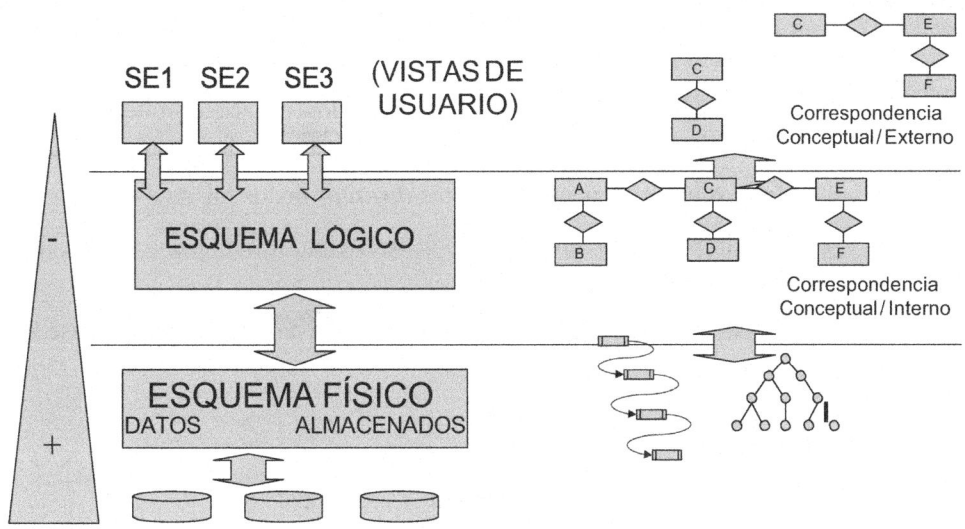

## Esquema Interno (Nivel Interno)

▶ Cómo se almacenan los datos. Cómo se accede a ellos.
   - Estructuras de datos complejas a bajo nivel.
   - Es el nivel más próximo al almacenamiento físico.
   - Trata los datos como registros internos (no como bloques de datos).
   - Contiene información sobre:
     – Estructuras de datos usadas.
     – Mecanismo de acceso.
     – Distribución de registros en el espacio lógico.

## Esquema Lógico (Nivel Conceptual)

▶ Qué datos se almacenan. Cómo están relacionados.
   - Vista **lógica** general de todos los datos.
   - Interrelaciones entre los datos.
   - Uso de un modelo de datos que proporcione un nivel de abstracción de la vista interna.
   - Uso de un lenguaje de definición de datos (DDL).

## Nivel de Vistas (Nivel Externo)

▶ Solo parte de la base de datos.

- Comprende las vistas individuales de los usuarios (subesquemas). Muchos usuarios necesitan ver *solo una parte* de la base de datos.

- Muchos usuarios necesitan vistas *distintas* de los mismos datos.

- Para simplificar la interacción con el sistema, se define una abstracción en el nivel de vistas.

- El sistema puede proporcionar muchas vistas de la misma base de datos.

## Interfaces entre niveles

▶ Los proporciona el SGBD (DBMS).
▶ Transformaciones entre los esquemas.
▶ Consultas y actualizaciones.
- DML (Lenguaje de Manipulación de Datos).
  - Lenguaje interactivo.
  - Precompilador.
  - Extensión del compilador.

## Interfaces entre niveles

▶ Creación de las estructuras.
- DDL (Lenguaje de Definición de Datos).
  - DDL interno.
  - DDL conceptual.
  - DDL externo.
  - DDL + DML = DSL (sublenguaje de datos).
  - DML → todos los usuarios.
  - DDL → DBA (Administrador de la base de datos).

# 1.4 SISTEMA DE GESTIÓN DE BASES DE DATOS

## Sistemas de Gestión de BBDD (SGBD)

▶ Propósito: proporcionar una visión **abstracta** de los datos (ocultar los detalles de cómo se almacenan y se mantienen los datos).

- Conjunto de programas que actúa como intermediario entre los usuarios y los datos.

- Recoge las peticiones de los usuarios y responde a ellas.

- Gestión y recuperación eficiente: estructuras de datos complejas.

- El sistema oculta la complejidad para facilitar la interacción con los usuarios a través de los tres niveles de abstracción.

## Usuarios de un SGBD

- Usuarios Informáticos.
  - Diseñadores.
  - Administradores.
  - Analistas y programadores.
- Usuarios Finales.

## Características

- Descripción de la BD exterior a los programas y gestionada por el SGBD.
- Los programas no leen ni escriben directamente sobre la estructura interna de la BDD.
- Gestión de:
  - Control de accesos concurrentes.
  - Control de autorizaciones de acceso.
- Reconstrucción y/o restauración de la BD (tolerancia a fallos).

## El Catálogo o Diccionario de datos

- Capacidad del SGBD de describir los datos que contiene.

- Es una base de datos que contiene información sobre los datos almacenados en la propia base de datos (metadatos).

- Es una base de datos del sistema (no de usuario).

- Debe suministrar documentación única y actualizada de forma que pueda ser usada para obtener información sobre los tipos de datos almacenados y cómo se deben usar.

- Contiene los esquemas y las correspondencias entre ellos (externo / conceptual / interno).

## Componentes de un SGBD

▶ **Procesador de I/O.**
  - Directamente asociado al usuario.
  - Toma las órdenes y muestra la respuesta.

▶ **Analizador.**
  - Análisis sintáctico de la orden→Diccionario.
  - DDL → Actualización del Diccionario.
  - Lenguaje embebido → Precompilador.

▶ **Control de autorizaciones.**
  - Chequeo de autorizaciones→Diccionario.

▶ **Obtención de código intermedio.**
  - Componentes de un SGBD.

▶ **Procesador de actualizaciones y control de integridad.**
  - Ejecución de la actualización.
  - Control de consistencia.

▶ **Procesador de consultas y optimizador.**
  - Transforma la consulta en términos conceptuales.
  - Reformulación para la optimización del acceso.

▶ **Generador de código ejecutable.**
  - Secuencia de lecturas y escrituras en disco.

▶ **Gestor de transacciones.**
  - Sincronización de los accesos concurrentes.

▶ **Gestor de recuperación.**
  - Recuperación del estado de la BDD previo al fallo.

▶ **Gestor de datos.**
  - Gestión del hardware.
  - Ejecución de los accesos físicos.

## Estructuras del SGBD por interfaces

| Interfaz | Componente SGBD |
|---|---|
| Usuario | Procesador I/O |
| Externo / Conceptual | Analizador, precompilador, procesador de actualizaciones y procesador de consultas |
| Conceptual / Interno | Generador de código, optimizador |
| Interno / Base de datos | Gestor de transacciones, gestor de datos |

## Arquitectura de un SGBD multiusuario

⚑ Arquitectura cliente-servidor.

- El SGBD actúa como **servidor** proporcionando todo el soporte de los niveles externo, conceptual, e interno.

- Las aplicaciones que se ejecutan sobre SGBD actúan como **cliente** y las interfaces de consulta que interactúan con el usuario y envían consultas u otros comandos al servidor.

- **Ej.** Los sistemas relacionales utilizan el lenguaje SQL para representar peticiones del cliente ante el servidor. El servidor las procesa y envía la respuesta al cliente en forma de tabla o relación.

## Funciones del servidor

⚑ Aceptar y procesar las peticiones de los clientes de la BD.
⚑ Comprobar autorizaciones.
⚑ Asegurar que se cumplen las restricciones de integridad.
⚑ Realizar los procesos de consulta/actualización y transmitir la respuesta al cliente.
⚑ Mantener el diccionario de datos.
⚑ Proporcionar acceso concurrente a la BDD, …

## Tareas de administración

⚑ **La estructura de la base de datos.**

⚑ **Descripción conceptual**. Una vez conocidos los requisitos de información, es preciso realizar el diseño conceptual.

⚑ **Descripción física de los datos**. Encontrar una estructura interna que soporte el esquema lógico y los objetivos de diseño con la máxima eficiencia de los recursos máquina.

⚑ Especificaciones de **vistas** o **subesquemas**.

⚑ **Los estándares.** En cuanto a documentación, metodologías.

⚑ **Procedimientos de explotación y uso.**

⚑ **Aspectos relativos a seguridad, integridad y confidencialidad.**

## Herramientas que utiliza el administrador

▶ **Lenguajes de definición de datos (DDL)**

▶ **Utilidades del SGBD** (copias de seguridad, asignación de usuarios, simulación de procesos, documentación, …).

▶ **Diccionario de datos**. Contendrá la definición y descripción de todos los datos (metadatos). Ayuda a la gestión de la información como recurso y conseguir la integración de la semántica de forma centralizada.

## Tipos de administradores

▶ El administrador a nivel de **empresa** (N. Conceptual).

▶ El administrador de la **base de datos** (N. Interno).

▶ Los administradores por **aplicaciones** (N. Externo).

▶ Funciones del administrador de la **BDD** (i).

- Fijar, a nivel orgánico, la compatibilidad entre trabajos y el orden de ejecución de los trabajos incompatibles.

- Obtener estadísticas sobre la base de datos.

- Proporcionar a los operadores del ordenador descripciones completas de lo que hay que hacer para la reconstrucción de las bases de datos.

- Establecer normas para el uso eficiente de la base de datos.

- Implementar los requisitos en cuanto a seguridad establecidos por el administrador a nivel de empresa.

▶ Funciones del administrador de la **BDD** (ii).

- Escoger los valores de los parámetros físicos para la optimización de los accesos.

- Proceder a las reestructuraciones de las bases de datos exigidas por los cambios en el esquema interno.

- Seleccionar y desarrollar programas de servicios relativos a aspectos físicos de las bases de datos.

- Definir y mantener los esquemas internos, así como la documentación sobre ellos.

▶ Funciones del administrador por **aplicaciones.**

- Definir los esquemas externos y mantenerlos.

- Asignar autorizaciones de acceso a la base de datos a los usuarios de estas.

## 1.5  BENEFICIOS DE LAS BASES DE DATOS

Referidas a:

▶ LOS DATOS

- Independencia de estos respecto a los tratamientos y viceversa.
- Mejor disponibilidad de los mismos.
- Mayor eficiencia en la recogida, codificación y entrada en el sistema.

▶ LOS RESULTADOS

- Mayor coherencia.
- Mayor valor informativo.
- Mejor y más normalizada documentación.

▶ LOS USUARIOS

- Acceso más rápido y sencillo de los usuarios finales.
- Más facilidades para compartir los datos por el conjunto de los usuarios.
- Mayor flexibilidad para atender a demandas cambiantes.

## 1.6  INCONVENIENTES DE LAS BASES DE DATOS

- ▶ Instalación costosa.
- ▶ Necesidad de personal especializado.
- ▶ Implantación larga y difícil.
- ▶ Falta de rentabilidad a corto plazo.
- ▶ Escasa estandarización.
- ▶ Desfase entre teoría y práctica.

# 2

# MODELOS DE DATOS

## 2.1 MODELOS DEL ANÁLISIS (I)

NIVEL DE CONTROL

NIVEL FUNCIONAL

NIVEL DEL DOMINIO

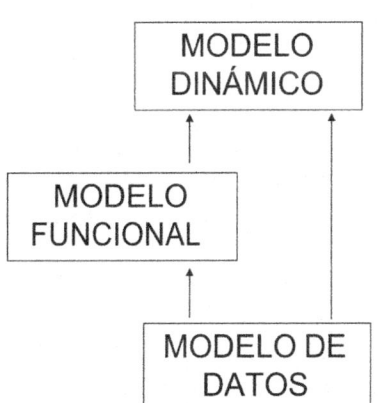

### Modelo Funcional

  ▶ ¿Qué cosas ocurren, o se desea que ocurran?
  ▶ Captura lo que el sistema debe hacer con el conocimiento del dominio, sin considerar cuándo o cómo lo hará.

### Modelo de Control

  ▶ ¿Cuándo y a quién le ocurren las cosas?
  ▶ Captura el control del sistema en cuanto al tiempo. Controla cuándo ocurren las cosas sin especificar en qué consisten ni cómo son implementados.

### Modelo de Datos

  ▶ Conocimiento estático del dominio. Identifica los objetos del dominio y las relaciones y dependencias entre esos objetos.

## 2.2 OBJETIVOS DE LOS MODELOS DE DATOS

### Objetivo

Obtención, por medio de una abstracción del mundo real, de un conjunto estructurado de datos y un conjunto de operaciones definidas sobre ellos que permitan satisfacer las necesidades de información de una organización.

### ¿Qué son?

Herramientas que permiten realizar el proceso de abstracción que conduce del mundo real al mundo de los datos.

### Definiciones

  ▶ *Conjunto de herramientas conceptuales para describir la representación de la información en términos de datos. Los modelos de datos comprenden aspectos relacionados con: estructuras y tipos de datos, operaciones y restricciones.* (Dittrich, 1994).

  ▶ *Conjunto de conceptos, reglas y convenciones que permiten describir y manipular los datos de la parcela de un cierto mundo real que deseamos almacenar en la base de datos.* (de Miguel, Piattini y Marcos, 1999).

## 2.3 ESQUEMA

*La descripción específica de un determinado minimundo en términos de un modelo de datos se denomina esquema (o esquema de datos) del minimundo. La colección de datos que representan la información acerca del mini mundo constituye la base de datos.* (Dittrich, 1994).

*Representación de un determinado mundo real (universo del discurso) en términos de un modelo de datos.* (de Miguel, Piattini y Marcos, 1999).

## 2.4 ESQUEMA VS. EJEMPLAR

Un ejemplar de un esquema son los datos que en un determinado momento se encuentran almacenados en el esquema.

La colección de ejemplares de todos los elementos de un esquema en un momento determinado constituyen un ejemplar del esquema.

Al igual que en los lenguajes de programación existen variables (constituidas por un tipo y un contenido) las cuales tienen, en un momento determinado, un cierto valor, en las bases de datos se debería hablar de *variables de base de datos*, cuyo tipo sería el esquema y su contenido todos los posibles valores del esquema; su valor en un momento determinado sería un ejemplar del esquema.

Nosotros utilizaremos la expresión "base de datos" en el sentido abstracto de todos los posibles ejemplares, y cuando queramos referirnos a su contenido en un cierto momento hablaremos de un ejemplar de la base de datos o de la *"base de datos en el momento i"*

### Clasificación

▸ Según el nivel de abstracción de la arquitectura ANSI, tendremos modelos internos, globales o externos.
  - **Externo.**
    - Punto de vista de cada usuario en particular.
  - **Global.**
    - Punto de vista del conjunto de los usuarios (organización).
  - **Interno.**
    - Punto de vista de la máquina.

## 2.5 COMPONENTES DE UN MODELO DE DATOS

▶ Estáticas.
- Elementos permitidos.
  - Objetos.
  - Asociaciones.
  - Características de los objetos.
  - Dominios.
- Elementos no permitidos (Restricciones).
  - Inherentes.
  - De integridad o semánticas.

▶ Dinámicas (Conjunto de operadores).
- Desde punto de vista estático:
  - Objeto.
  - Relación.
  - Restricción de integridad estática.
- Desde punto de vista dinámico:
  - Operación.
  - Transacción.
  - Restricción de integridad dinámica.

### 2.5.1 Estática

**Tipo de Objeto**: cualquier "cosa" (persona, concepto, suceso, etc.) con existencia independiente de la que se quiere almacenar información.

▶ No pueden representarse de forma individual todos los objetos observados. Se representa la *clase* o *tipo* genérico al que pertenecen las instancias u ocurrencias del objeto representado. (*Clasificación*).

▶ Un *tipo de objeto* en un modelo de datos es el **concepto** que permite representar un conjunto de objetos similares.

▶ Un tipo de objeto define genéricamente un conjunto de objetos a través de sus *atributos* (información que interesa guardar de esos objetos).

**Tipo de Relación:** asociación entre objetos.

▶ No se puede representar cada una de las relaciones individuales. Se representan los *tipos de relación*.

▼ Es el concepto que permite representar un conjunto de relaciones de características similares.

▼ Al igual que los tipos de objeto, pueden tener *atributos*.

▼ Diferenciar entre relación (tipo de relación) y ocurrencia de relación (una relación concreta de ese tipo).

**Restricción de integridad estática:** es una propiedad del mundo real, representado para el esquema, que limita sus extensiones validas (ocurrencias permitidas).

Las restricciones forman parte del esquema de la base de datos y deben cumplirse en cualquiera de sus extensiones.

Consisten en:

▼ Restricciones sobre objetos.
  • Restricciones de valor (dominio de definición).
  • Restricción de valor no-nulo.
▼ Restricciones sobre relaciones.
  • Restricciones de cardinalidad: limitan la participación de los objetos en las relaciones.

## 2.5.2 Dinámica

▼ **Operación**: acción elemental (indivisible) sobre un objeto o una relación.

Permiten crear, eliminar, modificar o consultar objetos y relaciones.

▼ **Transacción**: secuencia de operaciones que se considera atómica en lo que se refiere a su ejecución (se ejecutan todas las operaciones o ninguna).

Son necesarias porque en ocasiones no es posible representar la evolución del mundo real con operaciones aisladas.

▼ **Restricción de integridad dinámica**: representan propiedades del mundo real que restringen la posible evolución en el tiempo de la base de datos, limitando la secuencia de extensiones válidas del esquema.

Restricciones de transición: limitan las posibles bases de datos consecutivas.

▶ **Restricciones semánticas:**

- Restricciones **propias**: se especifican al definir el esquema mediante las facilidades que proporciona el lenguaje de definición de datos, almacenándose en el catálogo de la base de datos (no en los programas), por lo que no pueden ser violadas por ninguna aplicación. Cualquier actualización está obligada a respetarlas.

    – **De acción general**: es preciso programar un procedimiento que determine la acción que hay que llevar a cabo.

        ▪ *Procedimientos almacenados*: definidos totalmente de forma procedimental.

        ▪ *Desencadenadores* (*triggers*): en los que se formula una condición de forma declarativa. El cumplimiento de la misma "dispara" una acción especificada en forma procedimental.

    – **De acción específica**: la acción (rechazo u otra, predeterminada o elegida mediante opciones) está implícita en la propia restricción.

## Restricciones propias de acción específica

▶ De **condición general**: se define mediante una condición lógica. La operación a la que afecta será una actualización. No se declara la acción porque este tipo de restricción lleva siempre asociado el rechazo de la operación cuando no se cumple la condición.

- **De verificación**: la expresión lógica está definida sobre uno o varios atributos de un mismo elemento. (Ej. Cláusula "CHECK").

- **De aserción**: similares a las anteriores, pero pueden referirse a más de un elemento del esquema. Tienen existencia por sí mismas y, por lo tanto, nombre (Ej. "CREATE ASSERTION").

- **De condición específica o implícitas**: diversas opciones que proporcionan los distintos modelos de datos cuando se definen los elementos de su esquema y que, en realidad, son restricciones. Por ejemplo, en el modelo relacional: PRIMARY KEY, FOREIGN KEY, NOT NULL, etc.

## 2.6 TIPOS DE MODELOS DE DATOS

▶ Primitivos (sistemas de ficheros).
▶ Clásicos.
  ● Red.
  ● Jerárquico.
  ● Relacional.
▶ Orientados a Objetos.
▶ Semánticos.

### 2.6.1 Primitivos

▶ Objetos: registros organizados en ficheros.
▶ Relaciones: referencias explícitas mediante punteros.
▶ Lenguajes: totalmente dependientes de la organización física de los ficheros.
▶ Operadores: las operaciones primitivas sobre ficheros: lectura y escritura de registros.

### 2.6.2 Clásicos

▶ **Red y Jerárquico**: extensiones de los sistemas de ficheros que buscan una mayor eficiencia en la manipulación de las relaciones entre objetos.

  ● Objetos: registros organizados en ficheros.

  ● Relaciones: estructuras de datos más complejas que permiten expresar directamente las relaciones entre objetos.

  ● Lenguajes: constan de operadores que permiten manejar estas estructuras y que son independientes de su representación física.

▶ **Relacional**: ruptura con la situación anterior.

  ● Objetos y relaciones: se representan mediante *relaciones* (tablas).

  ● Lenguajes: totalmente declarativos.

▶ **Orientados a Objetos:**

  ● Limitaciones del Modelo Relacional.

  ● Le incorporan al Modelo Relacional conceptos del Modelo Orientado a Objetos con el fin de superar sus limitaciones y dotarle de mayor capacidad expresiva.

▼ **Modelos de Datos Semánticos:**

- Objetivo: superar la capacidad expresiva de los modelos clásicos.

- Incorporan conceptos y mecanismos de abstracción que permiten modelar la realidad de una forma más natural.

## 2.7 DIFERENCIAS ENTRE LOS MODELOS SEMÁNTICOS Y LOS CLÁSICOS

### 2.7.1 Semánticos

▼ No suelen estar implementados en SGBD.
▼ Son independientes del SGBD.
▼ Mayor nivel de abstracción.
▼ Mayor capacidad semántica.
▼ Enfocados al modelado conceptual.

### 2.7.2 Clásicos

▼ Implementados en SGBD comerciales.
▼ Dependen del SGBD.
▼ Más próximos a la máquina.
▼ Pobre capacidad semántica.
▼ Más enfocados a la implementación en máquina.

### 2.7.3 Modelo Jerárquico

▼ Proliferación de sistemas jerárquicos sin existir un modelo teórico. El Modelo fue definido posteriormente por la abstracción de las características comunes de la familia de sistemas.

▼ Estructuras: Árbol.

- Tipo de objeto: segmento (registro). El tipo de segmento se define por una secuencia de nombres de campo junto con su tamaño (no existe el concepto de dominio).

- Tipo de relación: estructura en árbol. Relación "uno-a-muchos" entre objetos.

- Tipo de árbol se define en términos de segmentos y los arcos representan tipos de interrelaciones entre ellos.

- Esquema de BD Jerárquica: uno o varios tipos de árboles que representan tipos de relaciones jerárquicas entre objetos.

## Otro ejemplo:

La estructura del árbol queda definida por el orden en el que se definen los segmentos y por el uso de la cláusula PARENT. Las definiciones de los segmentos que componen el árbol deben aparecer en preorden, indicando para cada segmento distinto del segmento raíz quién es su segmento padre.

## Operadores

▶ Navegacional: seleccionan un único objeto de la base de datos (segmento) en cada operación.

▶ La selección se realiza por posición lógica, es decir, por referencia al último segmento accedido (información mantenida por el sistema con un conjunto de indicadores de posición).

▶ Para cada tipo de árbol, el SGBD mantiene dos indicadores de posición: uno al *segmento actual* y otro al *padre actual*.

## Restricciones

▶ No pueden representarse directamente relaciones N:M ni reflexivas.
▶ No se admite más de una relación entre dos segmentos.
▶ No puede existir un segmento hijo con más de un padre.
▶ El árbol debe recorrerse siempre en preorden.

## Correspondencia con ANSI/X3/SPARC

El nivel externo se compone de subconjuntos de los árboles definidos en el nivel conceptual.

El nivel conceptual se compone de un conjunto de árboles definidos mediante una estructura denominada *Data Base Description* (**DBD**).

El nivel interno está implícito en la implementación.

## 2.7.4 Modelo en Red CODASYL

Propuesto en 1971 por la COnference on DAta SYstem Languages para superar las limitaciones de los sistemas jerárquicos.

Estructuras:

▸ Registro.
▸ Fichero.
▸ *Set* (conjunto).

### CODASYL

▸ Registro y archivo coinciden con las estructuras clásicas del mismo nombre.

▸ Registro: permite representar los tipos de objetos y la estructura fichero permite organizar todas las ocurrencias de un mismo tipo de registro.

▸ En el esquema CODASYL las dos estructuras se definen simultáneamente dando el nombre y el esquema del registro: nombres de campos y registros asociados.

▸ La estructura *set* permite representar relaciones jerárquicas "Uno-a-muchos" entre objetos.

▸ Un tipo *set* se define en términos de dos tipos de registro: registro **propietario** y registro **miembro**.

▸ El esquema de una BD CODASYL consiste en la definición de registros y *sets* (conjuntos).

▸ Una base de datos consistirá en un conjunto de ocurrencias de estas estructuras.

### Características

▸ Un **conjunto** es una colección nominada de dos o más tipos de registros que representa una interrelación 1:N (recuérdese que las interrelaciones 1:1 son un caso particular de las 1:N).

▸ Cada conjunto debe tener obligatoriamente un tipo de registro propietario y uno o más registros miembros.

▼ Pueden existir conjuntos singulares en los que el propietario es el sistema.

▼ No existe ninguna limitación en cuanto al número de conjuntos que pueden definirse en el esquema.

▼ Cualquier registro puede ser declarado propietario de uno o varios conjuntos.

▼ Cualquier registro puede ser declarado miembro de uno o varios conjuntos.

▼ Cualquier registro puede ser declarado propietario en un conjunto y miembro en otro conjunto distinto.

▼ Aunque un tipo de registro se haya declarado miembro de un conjunto, existe la posibilidad de no encadenar en el conjunto ciertas ocurrencias del mismo, las cuales no pertenecerán a ningún propietario, es decir, quedarán sueltas respecto a ese conjunto.

## Operadores

▼ Navegacional. Cada operador selecciona un único registro en cada operación, y esta selección se hace por posición lógica, es decir, por referencia al último registro seleccionado.

▼ Se mantienen varios indicadores de posición: un indicador de posición por cada tipo de registro y un indicador por cada tipo de *set* del esquema.

## Restricciones

Están vinculadas al concepto de conjunto y son las siguientes:

▼ Solo se admiten tipos de interrelaciones jerárquicas a dos niveles: nivel propietario y nivel miembro. Las jerarquías multinivel y las estructuras en red se consiguen combinando varios conjuntos sin introducir redundancia.

▼ En el nivel propietario de un conjunto solo se permite un tipo de registro.

▼ Una misma ocurrencia de un registro miembro no puede pertenecer en un conjunto a más de un propietario.

## Correspondencia con ANSI/X3/SPARC

- ▶ Nivel Externo: subesquema.
- ▶ Nivel Conceptual: esquema.
- ▶ Nivel Interno: implícito en la representación.

## 2.8 CARACTERIZACIÓN DE LOS LENGUAJES DE DATOS

- ▶ Huésped / Autocontenido.
- ▶ Muy Procedimental / Poco procedimental.
- ▶ Diferido (por lotes) / Conversacional (interactivo).
- ▶ Navegacional (registro a registro) / Especificación (Conjunto de registros).

# 3

# MODELO ENTIDAD / INTERRELACIÓN

## 3.1 PRESENTACIÓN DEL MODELO

Entre los modelos de datos semánticos destaca el Modelo Entidad / Interrelación (ME/R), propuesto por Peter Chen en dos artículos en 1976 y 1977.

Según Chen, *"El ME/R puede ser usado como una base para una vista unificada de los datos"*, adoptando *"el enfoque más natural del mundo real que consiste en* **entidades** *e* **interrelaciones**".

Posteriormente, el modelo básico de Chen ha sido ampliado con importantes aportaciones, dando lugar al ME/R Extendido, formando, en realidad una familia de modelos.

En este capítulo vamos a exponer tanto los conceptos del Modelo básico de Chen, como las principales aportaciones del ME/R Extendido.

El ME/R ha tenido una gran difusión en la comunidad de Bases de Datos. Prueba de ello es que ha sido el modelo más extendido en las herramientas CASE de ayuda al diseño de bases de datos.

## 3.2 ELEMENTOS DEL MODELO

El modelo básico de Chen tiene, en su componente **estática**, los siguientes elementos:

- Entidad (*entity*).
- Interrelación (*relationship*).
- Dominio (*domain*).
- Atributo (*attribute*).

### 3.2.1 Entidad

Definición:

*"Cualquier objeto (real o abstracto) que existe en la realidad y acerca del cual queremos almacenar información en la base de datos".*

Teniendo en cuenta la abstracción de **clasificación**, debemos distinguir entre:

▼ El **tipo de entidad** o estructura genérica que describe un conjunto de entidades aplicando la abstracción de clasificación.

▼ Las **entidades**, **ocurrencias** o **ejemplares** de ese tipo de entidad. La entidad es el resultado de la clasificación de un conjunto de entidades.

Podemos distinguir también entre:

▼ La **extensión** o conjunto de ejemplares de un tipo de entidad en un momento dado.

▼ La **intensión**, o tipo de entidad propiamente dicho. Chen lo llamó *conjunto de entidades* (*entity set*).

Una entidad pertenece a un tipo de entidad si cumple el predicado asociado a ese tipo de entidad.

**Representación gráfica**

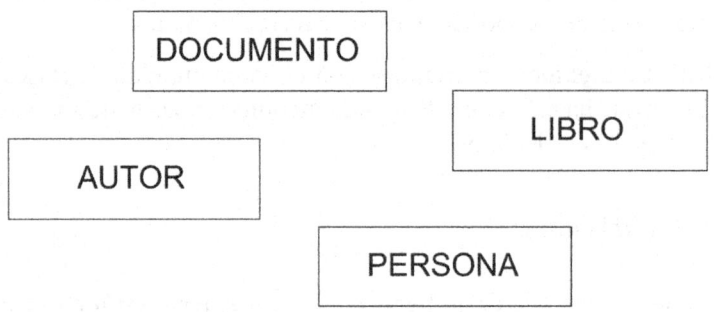

Representación de tipos de entidades

### Tipos de entidades

▶ Regulares o fuertes: aquellas cuyos ejemplares tienen existencia por sí mismos.

▶ Débiles: aquellas en las que la existencia de sus ejemplares está ligada a la existencia de un ejemplar de otro tipo de entidad.

Ejemplo:

## 3.2.2 Interrelación

Se entiende por **interrelación** una asociación, vinculación o correspondencia entre entidades.

Igual que en el caso de las entidades, distinguimos entre:

▶ *Tipo de interrelación* o estructura genérica que describe un conjunto de interrelaciones.

▶ Cada *interrelación*, es decir, cada uno de los ejemplares concretos.

### Representación gráfica

## Elementos

**Elementos** de un **tipo de interrelación**:

▸ **Nombre:** (único en el esquema).

▸ **Grado**: número de tipos de entidad participantes.

▸ **Tipo de correspondencia**: número máximo de ejemplares de cada tipo de entidad que participa de la interrelación (1 a 1, 1 a muchos, muchos a muchos).

▸ **Papel (rol)**: función que desempeña cada tipo de entidad participante.

En ocasiones es importante indicar el **papel (rol)** que desempeña un tipo de entidad en la interrelación.

▸ El papel suele estar implícito en el nombre de la interrelación y no es necesario especificarlo.

▸ Un caso en el que sí es necesario indicarlo en las interrelaciones reflexivas (tipos de entidades que están interrelacionadas consigo mismas).

## Grado

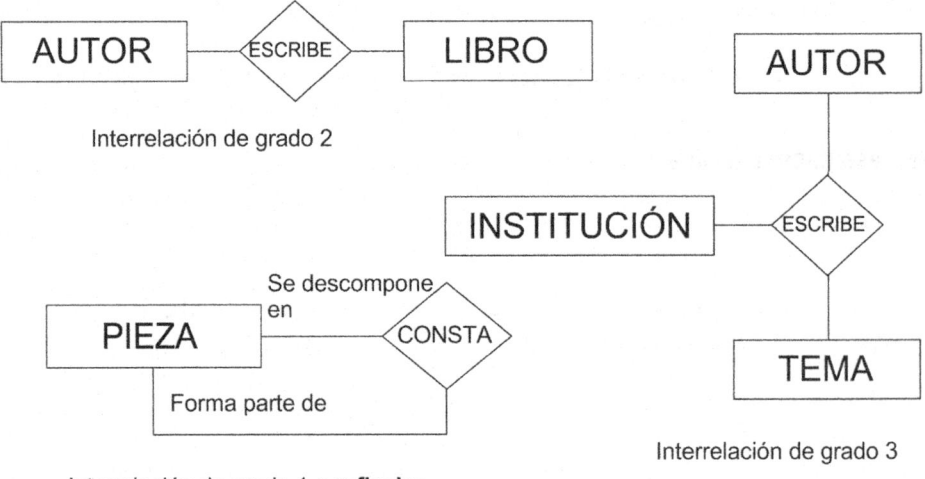

Interrelación de grado 2

Interrelación de grado 1 o **reflexiva**

Interrelación de grado 3

## Tipo de Correspondencia

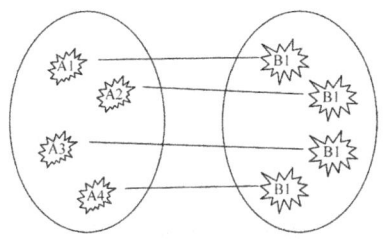                    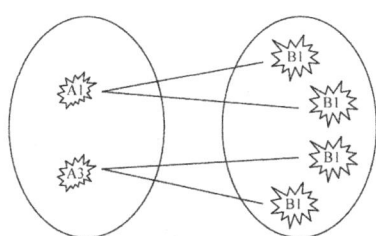

Tipo de correspondencia 1:1          Tipo de correspondencia 1:N

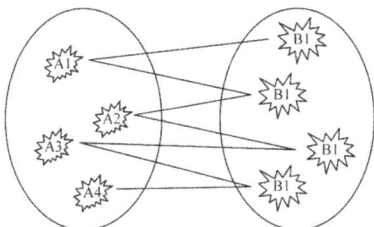

Tipo de correspondencia N:M

## 3.2.3 Dominio

Las distintas propiedades o características de un tipo de entidad o de un tipo de interrelación toman **valores** para cada ejemplar de estas.

Un **dominio** se define como un *conjunto de valores homogéneos con un nombre* que lo identifica.

Un dominio puede definirse por *intensión*, definiendo sus características, o por *extensión*, es decir por enumeración de sus elementos.

## 3.2.4 Atributo

Def.: cada una de las características o propiedades que tiene un tipo de entidad o un tipo de interrelación.

Los atributos toman valores de un dominio (o de varios, si son atributos compuestos). Puede afirmarse, por tanto, que un atributo es una determinada interpretación de un dominio en el contexto de un tipo de entidad o un tipo de interrelación.

Formalmente, un atributo consiste en una función de un tipo de entidad o de interrelación sobre todos los posibles subconjuntos de los valores de un dominio (o un conjunto de dominios):

- $A : E \rightarrow S(D)$ o $A : E \rightarrow S(D1) \times S(D2) \times \ldots \times S(Dn)$.
- $A : I \rightarrow S(D)$ o $A : I \rightarrow S(D1) \times S(D2) \times \ldots \times S(Dn)$.

Donde A es el atributo, S(Di) todos los posibles subconjuntos de los valores de los dominios, E el tipo de entidad e I el tipo de interrelación.

A diferencia de los dominios, que existen por sí mismos, la existencia de un atributo está ligada a la del correspondiente tipo de entidad o interrelación.

**Representación de atributos**

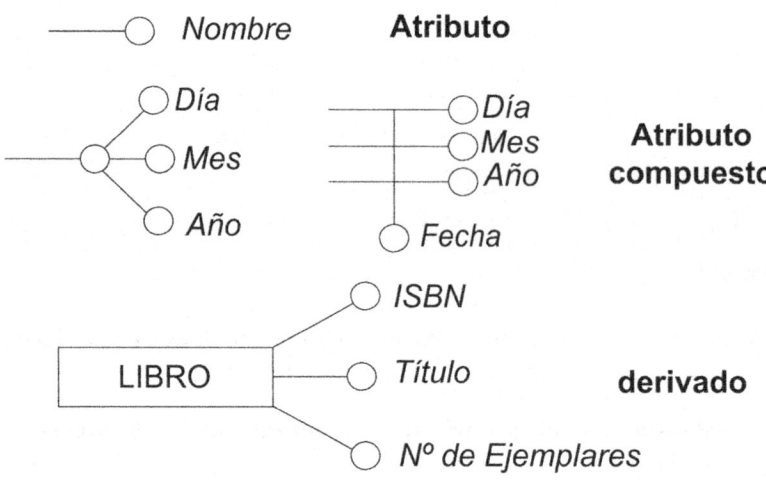

## 3.3 RESTRICCIONES INHERENTES

Solo se permite establecer interrelaciones entre entidades. No pueden establecerse interrelaciones entre entidades e interrelaciones ni entre interrelaciones.

### 3.3.1 Restricciones de integridad estática

Solo se consideran las restricciones específicas, distinguiendo entre:

▶ Restricciones sobre valores, que se establecen mediante la definición de dominios.
▶ Restricciones estructurales, que se refieren a:
  • Atributos:
    – Identificadores.
    – Cardinalidades.
  • Interrelaciones:
    – Cardinalidades máxima y mínima.
    – Dependencias en existencia e identificación.
    – Otras restricciones.

## 3.4 IDENTIFICADORES

Entre todos los atributos de un tipo de entidad ha de existir un conjunto que identifique de manera única cada uno de los ejemplares de ese tipo de entidad.

A cada uno de esos conjuntos de atributos le denominamos *identificador candidato (IC)*.

Todo IC debe ser único y mínimo. Si un IC es compuesto, el número de atributos que lo componen debe ser mínimo: la eliminación de uno de los atributos le haría perder su carácter de identificador.

Entre los IC se elige uno como *Identificador Principal (IP)* y el resto serán *Identificadores alternativos (IA)*.

DNI       DNI   Atributo identificador principal

NSS       NSS   Atributo identificador alternativo

## 3.4.1 Cardinalidades de atributos

▾ Atributos Univaluados vs. Multivaluados:
  • Univaluados: toman un único valor del dominio subyacente.
  • Multivaluados: pueden tomar más de un valor (p.ej. Una persona puede tener más de un número de teléfono).
▾ Atributos Obligatorios vs. Opcionales:
  • Un atributo es obligatorio cuando es obligado que tome al menos un valor del dominio subyacente para cada uno de los ejemplares de la entidad, es decir, el valor de ese atributo debe ser conocido para todo ejemplar de la entidad.

### Notación

Atributo univaluado obligatorio:

──────○  Nombre (1,1)          ──────○  Nombre

Atributo univaluado opcional (puede ser desconocido):

──────○  Nombre (0,1)          ──────○  Nombre

Atributo multivaluado obligatorio:

──────○  Nombre (1, n)          ──────▶○  Nombre

Atributo multivaluado opcional (puede ser desconocido):

──────○  Nombre (0, n)          ┄┄┄┄┄▶○  Nombre

## 3.4.2 Cardinalidad

Def. Número mínimo y máximo de ejemplares de un tipo de entidad que pueden estar interrelacionados con un ejemplar de otro u otros tipos de entidad que participan en el tipo de interrelación.

Notación:

▶ I (E1 (n1, m1)) : E2 (n2, m2).

Donde:

- I es un tipo de interrelación de grado 2.
- E1 y E2 son los tipos de entidad asociados por ella.
- N1 y n2 las cardinalidades mínimas de E1 y E2 respectivamente.
- m1 y m2 las cardinalidades máximas de E1 y E2, respectivamente.

▶ Semántica:

- Un ejemplar de E2 puede estar relacionado con un mínimo de n1 y un máximo de m1 ejemplares de E1.
- Un ejemplar de E1 puede estar relacionado con un mínimo de n2 y un máximo de m2 ejemplares de E1.

El tipo de correspondencia puede deducirse de las cardinalidades máximas.

**Representación gráfica**

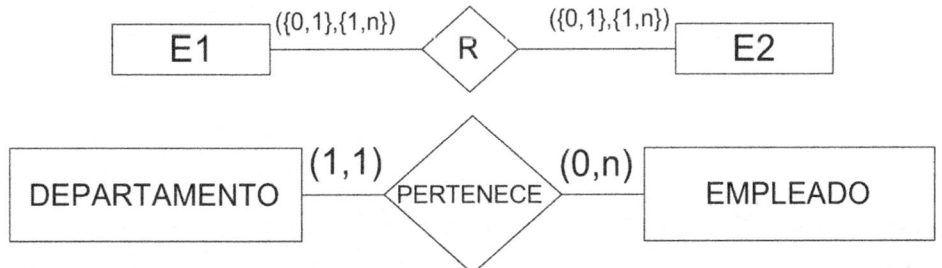

PERTENECE (DEPARTAMENTO (1,1) : EMPLEADO (0,n))

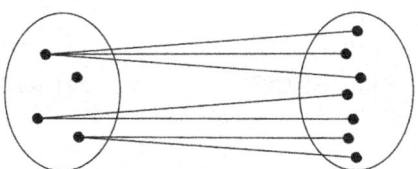

### 3.4.3 Dependencia en existencia y en identificación

Los tipos de interrelación se clasifican en ***regulares*** o ***débiles*** según estén asociando dos tipos de entidad regulares, o un tipo de entidad débil con otro tipo de entidad (regular o débil), respectivamente.

Dentro del tipo de interrelación débil distinguimos dos tipos especiales de restricciones:

 ▶ ***Dependencia en existencia***: los ejemplares de un tipo de entidad (entidad débil) no pueden existir si desaparece el ejemplar del tipo de entidad con la que están relacionados.

 ▶ ***Dependencia en identificación***: además de cumplirse la condición anterior, los ejemplares del tipo de entidad débil no se pueden identificar por sí mismos con sus atributos y es necesario añadir a AIP del tipo de entidad con la que están relacionados.

 • Una dependencia en identificación es **siempre** una dependencia en existencia.

**Ejemplo:**

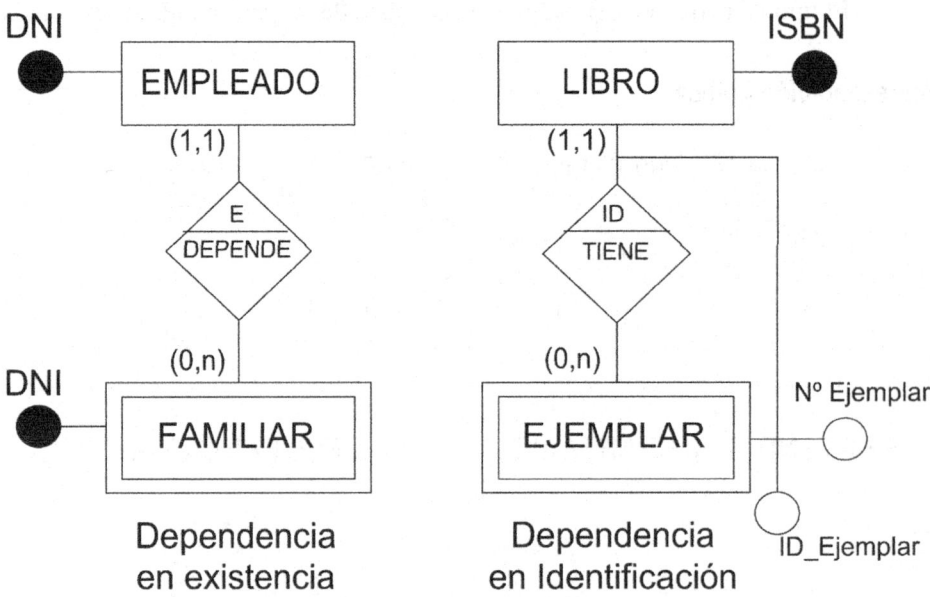

## 3.5 CONTROL DE REDUNDANCIA

En los esquemas E/R es **necesario evitar las redundancias** para evitar posibles inconsistencias.

Un **elemento** de un esquema es **redundante** si puede ser eliminado sin pérdida de semántica.

Los elementos del esquema que pueden ser redundantes son:

▶ Los **atributos** derivados o calculados.

  • Aunque son redundantes, no dan lugar a inconsistencias siempre que en el esquema se indique su condición de derivados y la fórmula que se ha de aplicar para calcularlos.

▶ Las **interrelaciones**.

  • Una interrelación es redundante si su eliminación no implica pérdida de semántica porque existe la posibilidad de realizar la misma asociación de ejemplares por medio de otras interrelaciones.

  • Para ello es condición necesaria pero no suficiente que forme parte de un ciclo. Los ciclos deben ser estudiados detenidamente en el esquema E/R.

La existencia de un ciclo no implica la existencia de interrelaciones redundantes.

Una interrelación es redundante cuando:

a) Forma parte de un ciclo.

b) Las interrelaciones que forman parte del ciclo son equivalentes semánticamente.

c) La interrelación no tiene atributos, o si los tiene pueden ser transferidos a otro elemento del esquema sin perder su semántica.

d) Los ejemplares de las entidades que interrelaciona pueden asociarse después de haber eliminado la interrelación.

**Ejemplos:**

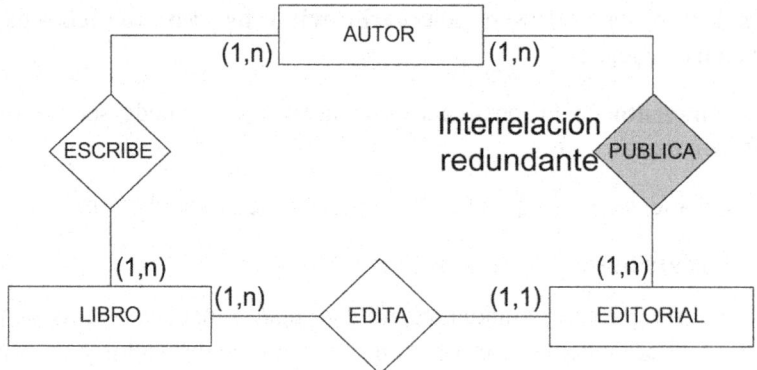

Ciclo con una interrelación redundante

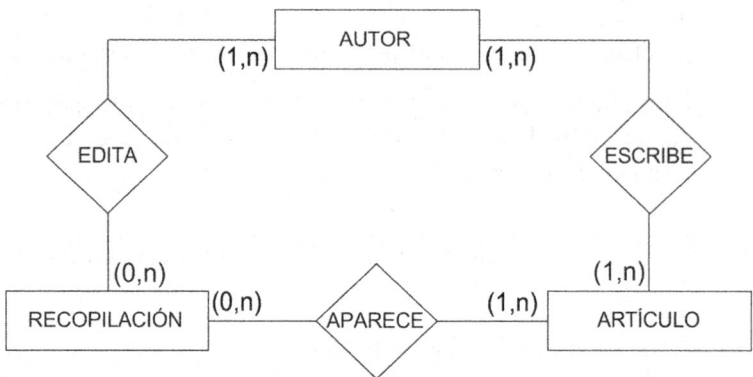

Esquema con un ciclo sin interrelaciones redundantes

# 3.6 INTERRELACIONES N-ARIAS

No son frecuentes las interrelaciones de grado mayor o igual a 4.

En ocasiones es posible transformar una interrelación de grado 3 (o superior) a varias relaciones binarias que recojan la misma semántica.

### 3.6.1 Cardinalidad en interrelaciones n–arias

Una interrelación ternaria I(E1(n1,m1) : E2(n2,m2) : E3(n3,m3)) significa que:

▶ Cada pareja de ejemplares (e2i, e3i) pertenecientes a E2 y E3, respectivamente se puede asociar con un mínimo de n1 y un máximo de m1 ejemplares e1i de E1.

▶ Cada pareja de ejemplares (e1i, e3i) pertenecientes a E1 y E3, respectivamente se puede asociar con un mínimo de n2 y un máximo de m2 ejemplares e2i de E2.

▶ Cada pareja de ejemplares (e1i, e2i) pertenecientes a E1 y E2, respectivamente se puede asociar con un mínimo de n3 y un máximo de m3 ejemplares e3i de E3.

**Ejemplo:**

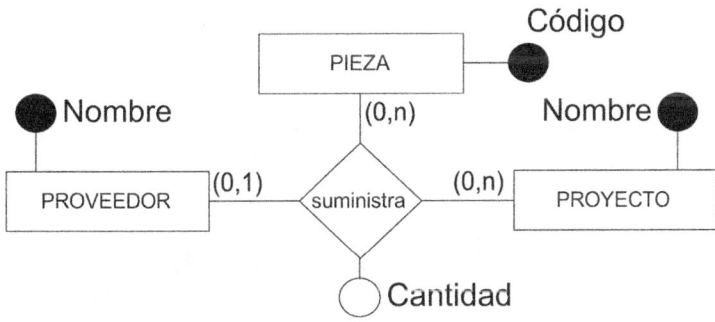

▶ Una pieza Y en un proyecto Z -una pareja (pieza, proyecto)- la suministran 0 o 1 proveedores.

▶ Un proveedor X en un proyecto Z –una pareja (proveedor, proyecto)- suministra 0, 1 o n piezas.

▶ Un proveedor X suministra una pieza Y –una pareja (proveedor, pieza)- en 0, 1 o n proyectos.

**Tres relaciones que no son equivalentes a la ternaria *suministra***

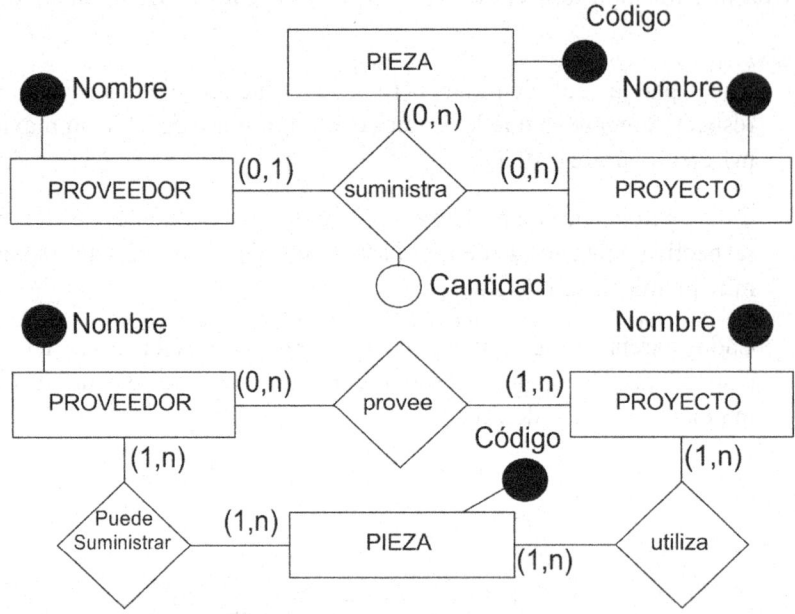

**¿Transformación a relaciones de grado 2?**

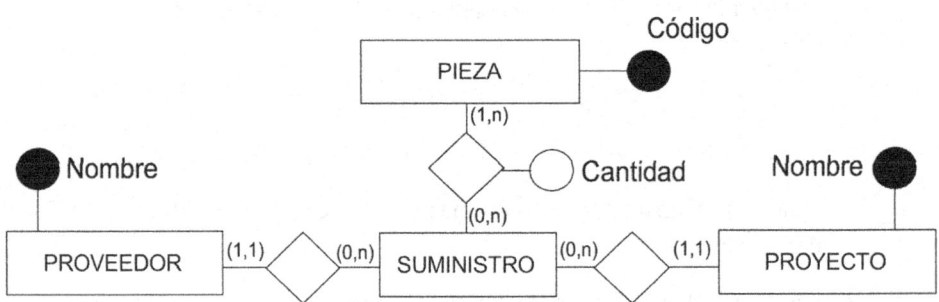

**Interrelación de grado tres que no puede ser descompuesta sin pérdida de semántica**

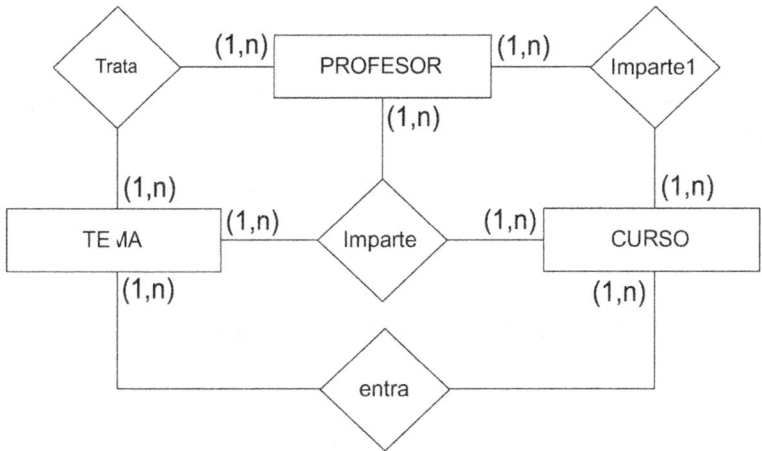

**Interrelación de grado tres que sí puede descomponerse sin pérdida de semántica**

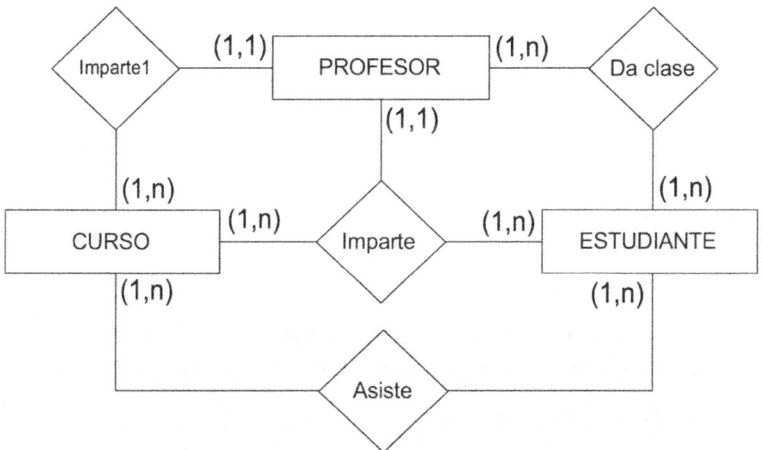

## 3.7 GENERALIZACIÓN

La generalización se considera como un caso especial de interrelación entre uno o varios tipos de entidad (*subtipos*) y un tipo más general (*supertipo*), cuyas características son comunes a todos los subtipos.

La interrelación que se establece entre los subtipos y el supertipo es de la forma "**ES-UN**".

Todo ejemplar de un subtipo ES (además) UN ejemplar del supertipo.

El mecanismo inverso es la **especialización**.

**Representación de la Generalización / Especialización**

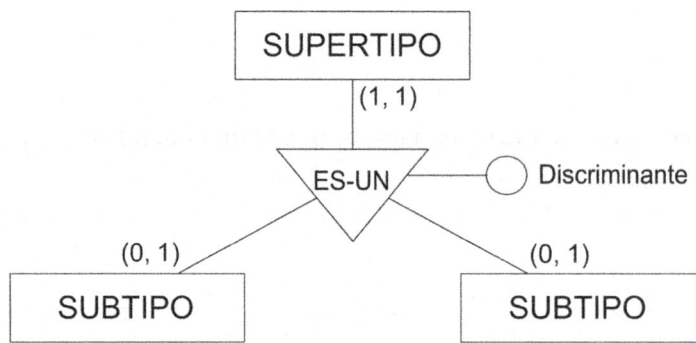

### 3.7.1 Características

▶ **Herencia**

- Toda propiedad (atributo, identificadores o participación en subtipos de interrelación) del supertipo pasa a ser una propiedad de los subtipos.

- Las propiedades comunes a todos los subtipos se asignan al supertipo, mientras que las propiedades específicas se asocian al subtipo al que afectan.

▶ La especialización (división en subtipos) puede venir determinada por una condición predefinida (por ejemplo, en función de los valores de un atributo al que llamamos *discriminante*).

- La Generalización/Especialización tiene dos **restricciones semánticas asociadas**:
  - ***Totalidad / Parcialidad***. Según si todo ejemplar del supertipo debe pertenecer a algún subtipo
  - ***Solapamiento / Exclusividad***. Según si un mismo ejemplar del supertipo puede pertenecer a más de un subtipo.

### Jerarquía total no solapada

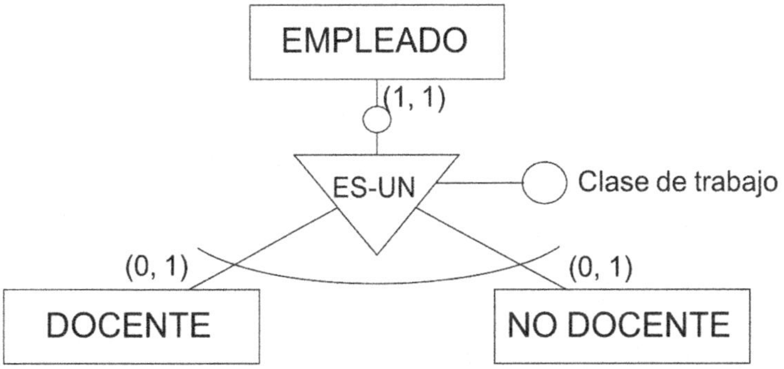


- Tanto un docente como un no docente son empleados.
- Un mismo empleado no puede ser al mismo tiempo docente y no docente.
- Todo empleado es, siempre, un docente o un no docente.

### Jerarquía parcial no solapada

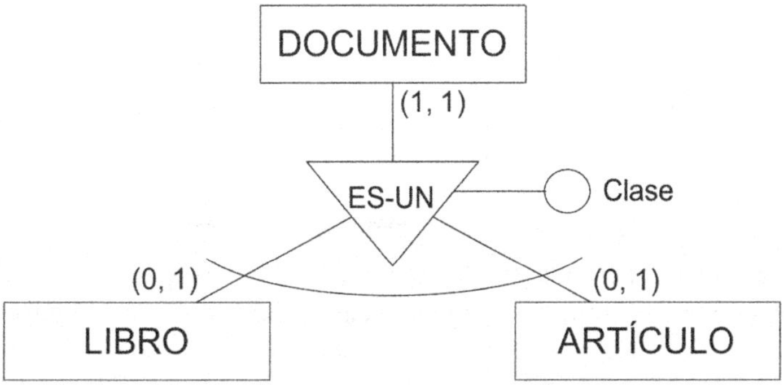


- Tanto un libro como un artículo son documentos.
- Un mismo documento no puede ser a la vez un libro y un artículo.
- Puede haber documentos que no sean ni libros ni artículos.

## Jerarquía total solapada

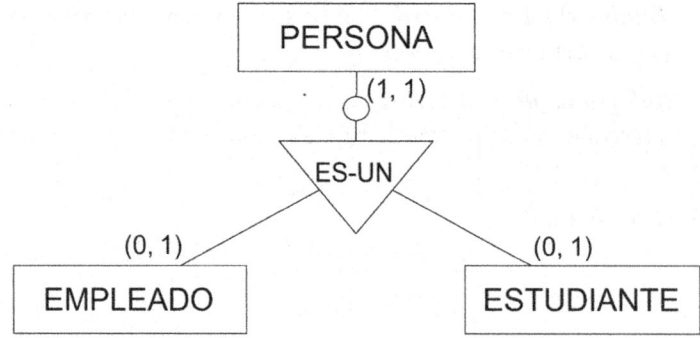

▻ Tanto un empleado como un estudiante son personas.
▻ Una misma persona puede ser estudiante a la vez que empleado.
▻ Toda persona es, obligatoriamente, empleado o/y estudiante.

## Jerarquía parcial solapada

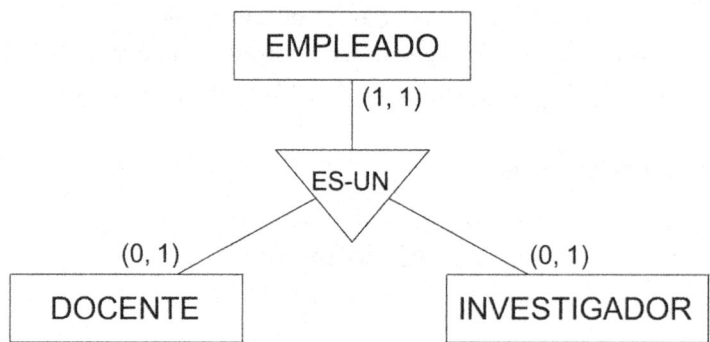

▻ Tanto un docente como un investigador son empleados.
▻ Una misma persona puede ser docente a la vez que investigador.
▻ Puede haber empleados que no sean docentes ni investigadores.

## 3.8 EL TIEMPO EN EL MODELO E/R

Es necesario establecer un método semántico y gráfico que recoja en el esquema conceptual el transcurso del tiempo y su influencia en la forma en que cambian los datos.

▶ Aproximaciones:

- Atributos de tipo fecha/hora asignados a entidades o interrelaciones.
  - Para sucesos instantáneos (sin duración) basta con un solo atributo de este tipo.
  - Para poder almacenar hechos que transcurren en un determinado intervalo de tiempo se necesitan dos atributos, uno para el momento de inicio y otro para el final.
  - Cuando se quiere recoger información histórica, (una interrelación entre dos ejemplares concretos se pueda repetir en el tiempo) el atributo de tiempo será multivaluado.

▶ Cuando es necesario representar la evolución de un tipo de entidad a lo largo del tiempo se utiliza un atributo de estado, que indicará en qué estado concreto se encuentra el ejemplar.

- En muchos casos lleva asociado otro atributo que es el momento en el que se ha producido el cambio de estado, o el intervalo de tiempo en que ha permanecido en dicho estado.

**Ejemplos:**

▶ Esquema que recoge información histórica y la posibilidad de varios préstamos del mismo ejemplar al mismo usuario.

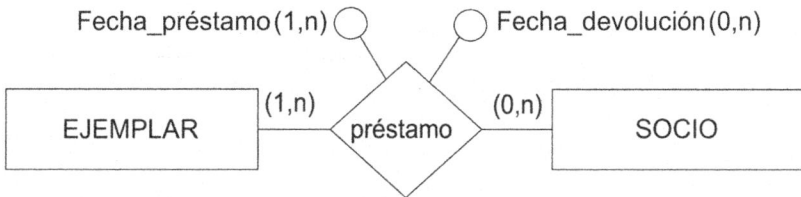

- Esquema que recoge solo el estado actual de la información.

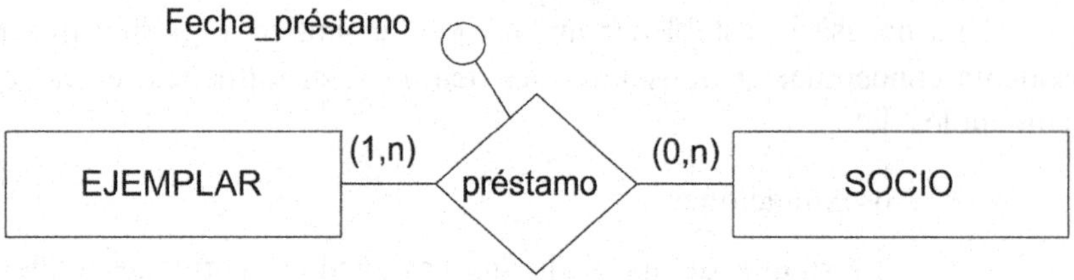

# 4

# DISEÑO DE BASES DE DATOS RELACIONALES: EL MODELO RELACIONAL

## OBJETIVOS

Presentar el **Modelo Relacional** de datos, que es el utilizado en la actualidad en la gran mayoría de los sistemas y herramientas de bases de datos.

En especial, profundizar en los **conceptos** que permiten modelar la **estática** y construir **esquemas relacionales**.

## 4.1 INTRODUCCIÓN

En 1970, E.F. Codd publicó en ACM un artículo proponiendo un nuevo modelo de datos que perseguía una serie de **objetivos**:

▶ **Independencia física**: el modo cómo se almacenan los datos no debe influir en su manipulación lógica y, por tanto, los usuarios que acceden a esos datos no han de modificar sus programas por cambios en el almacenamiento físico.

▶ **Independencia lógica**: añadir, eliminar o modificar cualquier elemento de la BD no debe repercutir en los programas y/o usuarios que están accediendo a subconjuntos parciales de los mismos (vistas).

▶ **Flexibilidad**: ofrecer a cada usuario los datos de la forma más adecuada a la correspondiente aplicación.

▶ **Uniformidad**: las estructuras lógicas de los datos presentan un aspecto uniforme (tablas), lo que facilita la concepción y manipulación de la BD por parte de los usuarios.

▶ **Sencillez**: las características anteriores, así como unos lenguajes de usuario muy sencillos, producen como resultado que el modelo relacional (MR) sea fácil de comprender y de utilizar por parte del usuario final.

Codd concedió mucha importancia al tema de la independencia de la representación lógica de los datos respecto a su almacenamiento interno, que concretó en tres tipos de independencia:

▶ De ordenación.
▶ De indización.
▶ De los caminos de acceso.

Importancia que Codd manifiesta explícitamente:

*"... se propone un modelo relacional de datos como una base para proteger a los usuarios de sistemas de datos formateados de los cambios que potencialmente pueden alterar la representación de los datos, causados por el crecimiento del banco de datos y por los cambios en los caminos de acceso".*

Los avances más importantes que el modelo de datos relacional incorpora respecto a los modelos de datos anteriores son:

▶ **Sencillez y uniformidad**: los usuarios ven la base de datos relacional como una colección de tablas, y al ser la tabla la estructura fundamental del modelo, este goza de una gran uniformidad, lo que, unido a unos lenguajes no navegacionales y muy orientados al usuario final, da como resultado la sencillez de los sistemas relacionales.

▶ **Sólida fundamentación teórica**: al estar el modelo definido con rigor matemático, el diseño y la evaluación del mismo puede realizarse por métodos sistemáticos basados en abstracciones.

▶ **Independencia de la interfaz de usuario**: los lenguajes relacionales, al manipular conjuntos de registros, proporcionan una gran independencia respecto a la forma en la que los datos están almacenados.

Las ventajas citadas han contribuido a que, desde mediados de los años 80, el MR sea utilizado por prácticamente la totalidad de los SGBD comerciales. Este éxito se refleja en:

🏴 Algunas de las principales empresas informáticas del mundo, son en origen, empresas de SGBD: ORACLE, Sybase, INFORMIX, etc.

🏴 Los grandes fabricantes de software tienen su SGBD relacional: IBM DB2, Microsoft SQL Server, etc.

🏴 Existen bastantes SGBD diseñados para PC y usuarios no expertos: Microsoft Access, etc.

El tremendo éxito real del MR ha supuesto que el cambio tecnológico a la siguiente generación esté siendo evolutivo y no revolucionario:

🏴 Triunfan los SGBD Objeto-Relacionales, y
🏴 Fracasan, en general, los SGBD de Objetos puros.

## 4.1.1 Reseña histórica

La aparición del MR representa un verdadero hito en el desarrollo de las bases de datos, ya que ha marcado tres etapas diferentes, conocidas como generaciones de los SGBD:

🏴 La prerrelacional –primera generación de BD–, en la cual los SGBD se soportan en los modelos Codasyl (en red) y Jerárquico.

🏴 La relacional –segunda generación de BD– donde los sistemas relacionales se van aproximando a su madurez y los productos basados en este modelo van desplazando poco a poco a los sistemas de primera generación, hasta conseguir una mayor cuota en el mercado de las bases de datos.

🏴 La postrelacional –tercera generación de BD– en la que aparecen otros modelos de datos, en especial los orientados al objeto, que están en estos momentos intentando abrirse un hueco en el mercado de las bases de datos e integrándose como extensiones en los SGBD previos de la generación relacional.

## EVOLUCIÓN DEL MODELO RELACIONAL

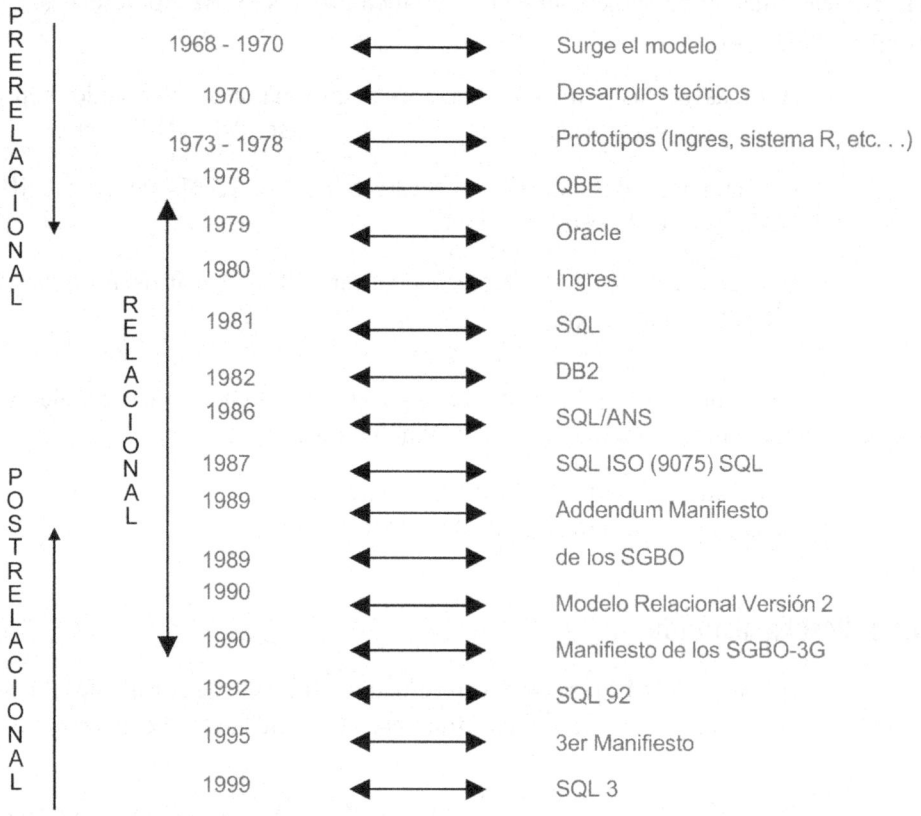

| P<br>R<br>E<br>R<br>E<br>L<br>A<br>C<br>I<br>O<br>N<br>A<br>L | | | |
|---|---|---|---|
| | 1968 - 1970 | ◄——————► | Surge el modelo |
| | 1970 | ◄——————► | Desarrollos teóricos |
| | 1973 - 1978 | ◄——————► | Prototipos (Ingres, sistema R, etc. . .) |
| | 1978 | ◄——————► | QBE |

(R E L A C I O N A L)

| | 1979 | ◄——————► | Oracle |
| 1980 | ◄——————► | Ingres |
| 1981 | ◄——————► | SQL |
| 1982 | ◄——————► | DB2 |
| 1986 | ◄——————► | SQL/ANS |
| 1987 | ◄——————► | SQL ISO (9075) SQL |
| 1989 | ◄——————► | Addendum Manifiesto |

P O S T R E L A C I O N A L

| 1989 | ◄——————► | de los SGBO |
| 1990 | ◄——————► | Modelo Relacional Versión 2 |
| 1990 | ◄——————► | Manifiesto de los SGBO-3G |
| 1992 | ◄——————► | SQL 92 |
| 1995 | ◄——————► | 3er Manifiesto |
| 1999 | ◄——————► | SQL 3 |

## 4.2 ELEMENTOS BÁSICOS

▼ **Relación.**
  • Es la estructura básica del modelo relacional. Se representa en forma de tabla.

▼ **Atributo.**
  • Representa las propiedades de la relación. Se representa mediante una columna.

▼ **Dominio.**
  • Es el conjunto válido de valores que toma un atributo.

▼ **Tupla.**
  • Es una ocurrencia de la relación. Se representa mediante una fila.

La relación es el elemento fundamental del modelo relacional (de ahí el nombre del modelo), y se puede representar en forma de tabla:

NOMBRE

| Atributo 1 | Atributo 2 | ... | Atributo $n$ | | |
|---|---|---|---|---|---|
| xxx | xxx | ... | xxx | $\longrightarrow$ | Tupla 1 |
| xxx | xxx | ... | xxx | $\longrightarrow$ | Tupla 1 |
| ... | ... | ... | ... | | ... |
| xxx | xxx | ... | xxx | $\longrightarrow$ | Tupla $m$ |

Pero OJO, una relación no es una tabla. Existen diferencias entre ambas estructuras.

## 4.2.1 Dominios

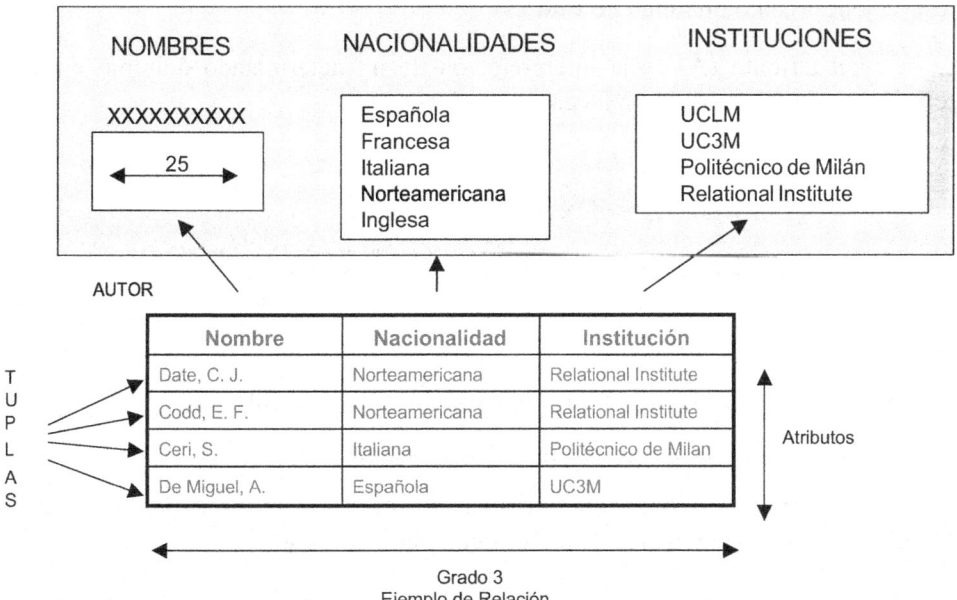

Grado 3
Ejemplo de Relación

El UD de una BD relacional está compuesto por un conjunto de dominios {Di} y de relaciones {Ri} definidas sobre los dominios.

Un dominio es un conjunto **nominado, finito y homogéneo de valores atómicos** =>

▶ El dominio se identifica por un nombre,

▶ Tiene un número finito de valores,

▶ Todos los valores son del mismo tipo, y

▶ Los valores son atómicos respecto del MR, es decir, no pueden ser a su vez una relación, un grupo repetitivo, etc.

Cada dominio puede definirse de dos maneras:

▶ **Extensión** (dando sus posibles valores):

- Días de la semana = {lunes, martes, miércoles, jueves, viernes, sábado, domingo}.

▶ **Intensión** (mediante un tipo de datos):

- Edad = entero

A veces se asocia unidad de medida (kilos, metros, etc.) y/o ciertas restricciones (como un rango de valores).

Un atributo (A) es la interpretación de un determinado dominio en una relación, es decir el papel que juega en la misma.

▶ Notación:

- $D = Dom(A)$ => D es el dominio de A.

▶ Un atributo y un dominio pueden llamarse igual, pero...

- Un atributo está siempre asociado a una relación, mientras que un dominio tiene existencia propia con independencia de las relaciones.

- Un atributo representa una propiedad de una relación.

- Un atributo toma valores de un dominio.

- Varios atributos distintos (de la misma o de diferentes relaciones) pueden tomar sus valores del mismo dominio.

Además de los dominios y atributos simples, que acabamos de definir, en ampliaciones posteriores del MR se ha introducido el concepto de dominio compuesto, que es muy útil en la práctica.

Un dominio compuesto se puede definir como una combinación de dominios simples a la que se puede aplicar ciertas restricciones de integridad.

Ejemplo: el dominio compuesto denominado Fecha se construye por agregación de los dominios simples Día, Mes y Año, incorporando las adecuadas restricciones de integridad a fin de que no aparezcan valores no válidos para la fecha.

Al igual que es posible definir dominios compuestos, existen también atributos compuestos.

Tanto los atributos compuestos como los dominios compuestos pueden ser tratados, si así lo precisa el usuario, como piezas únicas de información, es decir, como valores atómicos.

## 4.2.2 Elementos básicos: relaciones

Matemáticamente, una relación definida sobre un conjunto de dominios D1...Dn (no necesariamente distintos) es un subconjunto del producto cartesiano de los *n* dominios, donde cada elemento de la relación (tupla) es una serie de n valores ordenados:

R ∈ D1 x D2 x... x Dn siendo *n* el grado de la relación.

Esta definición no tiene en cuenta a los atributos, por eso en Bases de Datos se utiliza otra definición que incluye los siguientes elementos:

- Nombre.
- Cabecera.
- Cuerpo.
- Estado.

### Nombre

Las relaciones se identifican por un nombre.

Ciertas relaciones que no necesitan identificarse (por ejemplo, resultados intermedios) pueden no tener nombre.

### Cabecera de relación

Conjunto de *n* pares atributo-dominio subyacente, {(Ai : Di)} desde i=1 hasta n donde *n* es el grado;

 ⌐ Se corresponde con la primera fila cuando la relación se representa como tabla.

 ⌐ El conjunto A de atributos sobre los que se define la relación se llama *contexto* de la misma.

## Cuerpo de la relación: conjunto de *m* tuplas

{ t1, t2, ..., tm }
Siendo cada tupla un conjunto de *n* pares atributo-valor:

{ (Ai : Vij) } siendo Vij el valor j del dominio Di asociado al atributo Ai.
El número de tuplas *m* es la cardinalidad.

Mientras que la cabecera es invariante, el cuerpo varía en el transcurso del tiempo, al igual que la cardinalidad.

El esquema de una relación está constituido por el nombre R -si existe- y la cabecera:

 ⌐ R ({ Ai : Di } desde i=1 hasta n).
 ⌐ Representa la parte definitoria y estática y también se denomina intensión.
 ⌐ Se corresponde con lo que hemos llamado tipo (de entidad) en el ME/R.

## El estado r de una relación de esquema R

Al que también denominaremos simplemente relación, se representa como r(R) y está constituido por el esquema y el cuerpo de la relación:

 ⌐ r(R) = <esquema, cuerpo>

 ⌐ Siendo el cuerpo el conjunto de tuplas que, en un instante dado, satisface el correspondiente esquema de relación.

 ⌐ También se llama extensión.

## Esquema de relación (intensión)

AUTOR (NOMBRE:NOMBRES, NACIONALIDAD:NACIONALIDADES, INSTITUCIÓN:INSTITUCIONES).

## Relación (extensión, ocurrencia o estado)

AUTOR

| Nombre | Nacionalidad | Institución |
|--------|--------------|-------------|
| Date, C. J. | Norteamericana | Relational Institute |
| Codd, E. F. | Norteamericana | Relational Institute |
| Ceri, S. | Italiana | Politécnico de Milan |
| De Miguel, A. | Española | UC3M |

# 4.3 CLASES DE RELACIONES

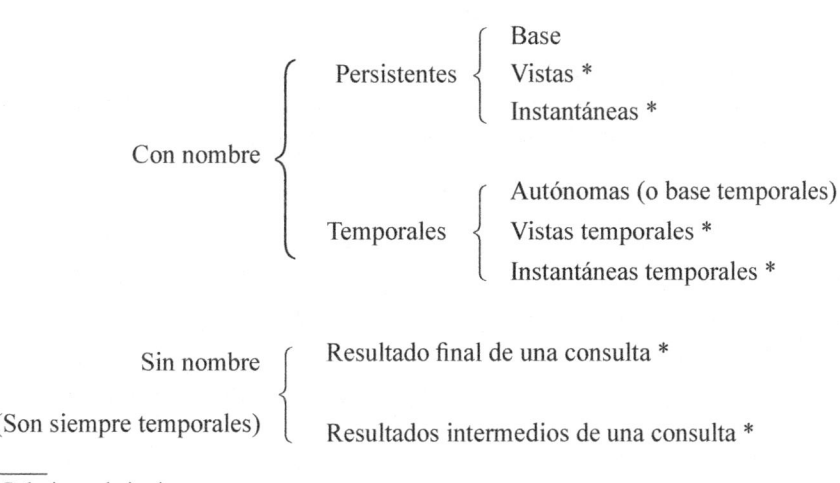

* Relaciones derivadas

**En el MR los datos siempre se manejan en forma de relaciones**

## 4.3.1 Relaciones derivadas

▸ **Persistentes**: su definición (esquema) permanece en la base de datos, borrándose solamente mediante una acción explícita del usuario.

▶ **Base**: existen por sí mismas, no en función de otras relaciones.

- Se crean especificando explícitamente su esquema de relación (nombre y conjunto de pares atributo/dominio).

- Sus extensiones (ocurrencias de relación), al igual que su definición, también se encuentran almacenadas.

- Se corresponden con el **nivel conceptual** de la arquitectura ANSI.

▶ **Vistas** (View): son relaciones derivadas que se definen dando un nombre a una expresión de consulta.

- Se podría decir que son relaciones virtuales (como ventanas sobre otras relaciones), en el sentido de que no tienen datos almacenados, sino que lo único que se almacena es su definición en términos de otras relaciones con nombre, las cuales pueden ser relaciones base, otras vistas o instantáneas.

- Se corresponden con el **nivel externo** de la arquitectura ANSI.

▶ **Instantáneas (Snapshot)**: son relaciones derivadas al igual que las vistas, pero tienen datos propios almacenados, que son el resultado de ejecutar la consulta especificada.

- También se llaman **vistas materializadas**.

- Las instantáneas no se actualizan cuando cambian los datos de las relaciones sobre las que están definidas, pero se refrescan cada cierto tiempo, de acuerdo con lo indicado por el usuario en el momento de su creación.

- Son solo de lectura, no pudiendo ser actualizadas por el usuario, sino únicamente refrescadas por el sistema.

▶ **Temporales**: a diferencia de las persistentes, una relación temporal desaparece de la BD en un cierto momento sin necesidad de una acción de borrado específica del usuario; por ejemplo, al terminar una sesión o una transacción.

## 4.4 CLAVES

### 4.4.1 Claves Candidatas

**Clave Candidata** (Candidate Key): conjunto de atributos que identifican unívoca y mínimamente cada tupla de la relación.

De la propia definición de relación se deriva que siempre existe, al menos, una clave candidata (al ser una relación un conjunto y no existir dos tuplas iguales, el conjunto de todos los atributos siempre tiene que identificar unívocamente a cada tupla).

La propiedad de minimalidad implica que no se incluye ningún atributo innecesario: KC cumple la propiedad de minimalidad si no existe un atributo X tal que {KC-X} sea clave candidata.

Una relación puede tener **más de una clave candidata**. En este caso se debe distinguir entre:

▶ **Clave Primaria** (Primary Key):

- Es la clave candidata que el usuario escoge para identificar las tuplas de la relación.

- Cuando solo existe una clave candidata, esta es la clave primaria (siempre existe clave primaria).

▶ **Claves Alternativas** (Alternative Key):

- Las claves candidatas que no han sido escogidas como clave primaria.

## 4.4.2 Claves Ajenas

Una BD relacional es una colección de relaciones.

Entonces, ¿representa la figura una BD relacional?

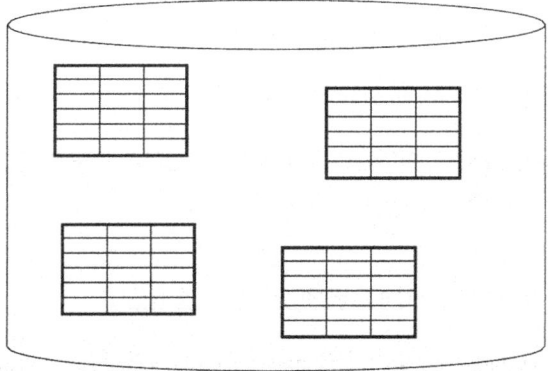

NO, porque una BD relacional es una colección de datos interrelacionados.

Necesitamos asociar unas relaciones con otras.

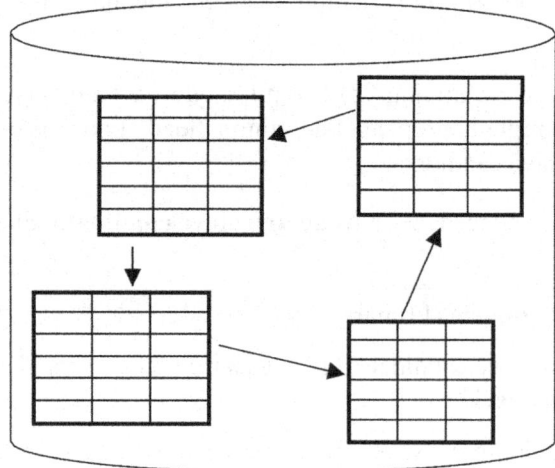

Se denomina **clave ajena** de una relación R2 a un conjunto no vacío de atributos cuyos valores han de coincidir con los valores de una clave candidata de una relación R1.

  ☛ R1 y R2 pueden ser la misma relación.
  ☛ La clave ajena y la correspondiente clave candidata deben estar definidas sobre el mismo dominio.

Ejemplo de claves primarias y claves ajenas.

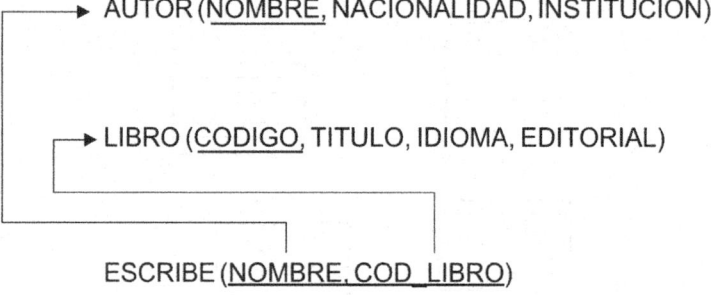

AUTOR (NOMBRE, NACIONALIDAD, INSTITUCION)

LIBRO (CODIGO, TITULO, IDIOMA, EDITORIAL)

ESCRIBE (NOMBRE, COD_LIBRO)

Los atributos principales (forman la clave principal) se subrayan.

## 4.5 RESTRICCIONES

### 4.5.1 Inherentes

Las restricciones inherentes vienen impuestas por el propio MD.

En el caso del MR, una relación tiene unas propiedades intrínsecas que no tiene una tabla, y que se derivan de la misma definición matemática de relación, ya que, al ser un conjunto, en una relación:

- No puede haber dos tuplas iguales.
  - => obligatoriedad de la clave primaria.

- El orden de las tuplas no es significativo.

- El orden de los atributos no es significativo.

- Cada atributo solo puede tomar un único valor del dominio subyacente; no se admiten grupos repetitivos (ni otro tipo de estructuras) como valores de los atributos de una tupla.
  - Se dice que la relación está normalizada (en Primera Forma Norma).

Existe otra restricción inherente que es la **regla de integridad de entidades**:

- Ningún atributo que forme parte de la clave primaria de una relación puede tomar un valor nulo"; es decir, un valor desconocido o inexistente.

No se deben confundir los conceptos de tabla y de relación, puesto que:

- Una tabla es una forma de representar una relación (una estructura de datos).

- Una tabla no tiene las restricciones inherentes de una relación –como conjunto–:
  - Puede haber dos filas iguales.
  - Las filas están ordenadas en el orden de grabación física por defecto o según el valor de la clave primaria.
  - Los atributos tienen un orden según se han definido en la tabla.
  - En cada celda de una tabla puede haber uno o varios valores. Si bien en el segundo caso se puede obtener una tabla equivalente que cumple la regla de normalización.

**Autor 1**

| Nombre | Nacionalidad | Institución | Idiomas |
|---|---|---|---|
| Date, C. J. | Norteamericana | Relational Institute | Inglés, Español |
| Codd, E. F. | Norteamericana | Relational Institute | Inglés |
| Ceri, S. | Italiana | Politécnico de Milan | Italiano, Inglés |
| De Miguel, A. | Española | UC3M | Español |

Transformación de la tabla anterior para normalizarla (1FN)

**Autor 2**

| Nombre | Nacionalidad | Institución | Idiomas |
|---|---|---|---|
| Date, C. J. | Norteamericana | Relational Institute | Inglés |
| Date, C. J. | Norteamericana | Relational Institute | Español |
| Codd, E. F. | Norteamericana | Relational Institute | Inglés |
| Ceri, S. | Italiana | Politécnico de Milan | Italiano |
| Ceri, S. | Italiana | Politécnico de Milan | Inglés |
| De Miguel, A. | Española | UC3M | Español |

## 4.5.2 Semánticas

Son facilidades que el modelo ofrece a los usuarios para que puedan reflejar en el esquema, lo más fielmente posible, la semántica del mundo real.

Los tipos de restricciones semánticas permitidos en el MR (incorporados a SQL 92) son:

- Clave Primaria (PRIMARY KEY).
- Unicidad (UNIQUE).
- Obligatoriedad (NOT NULL).
- Integridad Referencial (FOREIGN KEY).
- Restricciones de Rechazo.
- Verificación (CHECK).
- Aserción (ASSERTION).
- Disparador (*trigger*), incluido en SQL3 pero no en SQL92.
- Dependencia (se estudiará en otro capítulo).

## Clave Primaria (PRIMARY KEY)

Permite declarar un atributo o un conjunto de atributos como clave primaria de una relación.

- ☞ => sus valores no se podrán repetir ni se admitirán los nulos (o valores ausentes).

- ☞ Ni el SQL92 ni los SGBD relacionales obligan a la declaración de una clave primaria para cada tabla (el modelo teórico sí la impone), aunque permiten la definición de la misma.

- ☞ Debemos distinguir entre la restricción inherente de obligatoriedad de la clave primaria y la restricción semántica que le permite al usuario indicar qué atributos forman parte de la clave primaria.

## Unicidad (UNIQUE)

Los valores de un conjunto de atributos (uno o más) no pueden repetirse en una relación. Esta restricción permite la definición de claves alternativas.

## Obligatoriedad (NOT NULL)

El conjunto de atributos no admite valores nulos.

## Integridad Referencial (FOREIGN KEY)

Si una relación R2 (relación que referencia) tiene un descriptor (subconjunto de atributos) CA que referencia a una clave candidata CC de la relación R1 (relación referenciada), todo valor de dicho descriptor CA debe coincidir con un valor de CC o ser nulo, si la semántica se lo permite.

- ☞ La condición puede expresarse como R2.CA = R1.CC.
- ☞ El descriptor CA es, por tanto, una clave ajena de la relación R2.
- ☞ Las relaciones R1 y R2 no son necesariamente distintas.
- ☞ La clave ajena puede ser también parte (o la totalidad) de la clave primaria de R2.
- ☞ CA puede admitir nulos o tener restricción de obligatoriedad (NOT NULL).

Todo atributo de una clave primaria compuesta de una relación R2 que no está definido sobre un dominio compuesto, debe ser clave ajena de R2 referenciando a una relación R1, cuya clave primaria sea simple.

## EDITORIAL

| Nombre_e | Dirección | Pais | Ciudad |
|---|---|---|---|
| Universal Books | Brown Sq 23 | EEUU | Los Ángeles |
| Rama | Canillas, 144 | España | Madrid |
| McGraw-Hill | Basauri 17 | España | Madrid |
| Paraninfo | Virtudes 7 | España | Madrid |

## LIBRO

Ejemplo de **Integridad Referencial**

| Código | Título | ... | Editorial |
|---|---|---|---|
| 00345D7 | Int. Artificial | | Paraninfo |
| 1022305 | Conc. y Diseño | | Ra-Ma |
| 1939H2 | Turbo C++ | | McGraw-Hill |
| 004586 | Virus Informát. | | NULL |
| 011352 | Sist. Inf. | | Ra-Ma |

## Ejemplo SQL

```
CREATE TABLE editorial(
      nombre_e CHAR (20) PRIMARY KEY,
      direccion CHAR (50) NOT NULL,
      ciudad CHAR (15),
      pais CHAR (15)
```

Varias restricciones semánticas

```
CREATE TABLE libro(
      codigo CHAR (3),
      titulo CHAR (50) UNIQUE,
      idioma CHAR (25),
      nombre_e CHAR (20),

      PRIMARY KEY (codigo),
      FOREIGN KEY (nombre_e) REFERENCES editorial
            ON DELETE SET NULL
            ON UPDATE CASCADE);
```

## Integridad Referencial (FOREIGN KEY)

Además de definir las claves ajenas, hay que determinar las consecuencias que pueden tener ciertas operaciones (borrado y modificación) realizadas sobre tuplas de la relación referenciada; pudiéndose distinguir, según el estándar SQL92, las siguientes:

- ▹ **NO ACTION**: rechazar la operación de borrado o modificación.

- ▹ **CASCADE**: propagar la modificación (o borrado) de las tuplas de la tabla que referencia.

- ▹ **SET NULL**: poner valor nulo en la CA de la tabla que referencia.

- ▹ **SET DEFAULT**: poner un valor por defecto en la CA de la tabla que referencia.

> ### ⓘ NOTA
>
> Ambos modos (de borrado y de modificación) son independientes, es decir, cada uno tomará una de las cuatro opciones por separado.

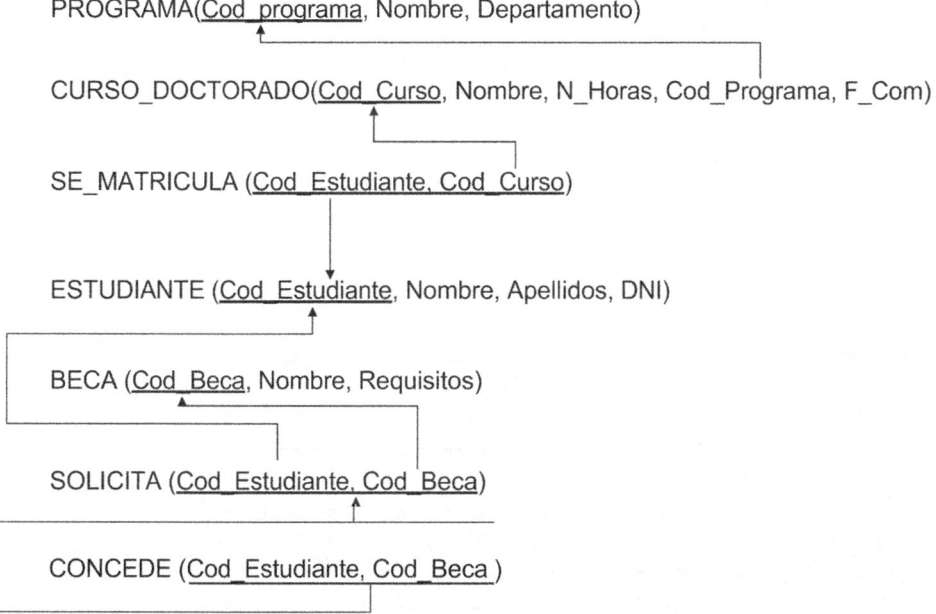

PROGRAMA(<u>Cod_programa</u>, Nombre, Departamento)

CURSO_DOCTORADO(<u>Cod_Curso</u>, Nombre, N_Horas, Cod_Programa, F_Com)

SE_MATRICULA (<u>Cod_Estudiante, Cod_Curso</u>)

ESTUDIANTE (<u>Cod_Estudiante</u>, Nombre, Apellidos, DNI)

BECA (<u>Cod_Beca</u>, Nombre, Requisitos)

SOLICITA (<u>Cod_Estudiante, Cod_Beca</u>)

CONCEDE (<u>Cod_Estudiante, Cod_Beca</u> )

▶ **Restricciones de rechazo**: el usuario formula una condición mediante un predicado definido sobre un conjunto de atributos, tuplas o dominios, que debe ser verificado en toda operación de actualización para que el nuevo estado constituya una ocurrencia válida del esquema. En SQL92 existen dos clases:

- **Verificación** (CHECK): comprueba, en toda operación de actualización, si el predicado es cierto o falso y, en el segundo caso, rechaza la operación. La restricción de verificación se define sobre un único elemento (dentro de un CREATE TABLE) y puede o no tener nombre.

- **Aserción** (ASSERTION): actúa de forma idéntica a la anterior, pero se diferencia de ella en que puede afectar a varios elementos (por ejemplo, a dos tablas distintas). Por tanto, su definición no va unida a la de un determinado elemento del esquema y siempre ha de tener un nombre.

  – CREATE ASSERTION CONCEDE_SOLICITA AS CHECK (SELECT Cod_Estudiante, Cod_Beca FROM CONCEDE) IN (SELECT Cod_Estudiante, Cod_Beca FROM SOLICITA)).

▶ **Disparador** (*trigger*): acción en la que el usuario pueda especificar libremente la respuesta (acción) ante una determinada condición.

- Así como las anteriores reglas de integridad son declarativas, los disparadores son procedimentales, siendo preciso que el usuario escriba el procedimiento que ha de aplicarse en caso de que se cumpla la condición.

- Ejemplo: si una beca es solicitada por más de 50 alumnos, se introduce un texto en una tabla de mensajes para que la persona que gestiona las becas considere si es necesario ofrecer más becas;

```
CREATE TRIGGER Comprobar_Matriculados
  AFTER INSERT ON SOLICITA
DECLARE NUM_SOLICITUDES
  Number;
BEGIN
  SELECT COUNT(*) INTO NUM_SOLICITUDES FROM SOLICITA;
  IF NUM_SOLICITUDES > 50 THEN
      INSERT INTO MENSAJES VALUES (Hay más de 50 solicitudes);
  END IF;
END Comprobar_Matriculados;
```

## 4.6 ESQUEMAS RELACIONALES

Ahora podemos dar una definición más completa de esquema de una relación: R<A:D, S> siendo

- R: el nombre de la relación.
- A: la lista de atributos.
- D: los dominios sobre los que están definidos los atributos.
- S: las restricciones de integridad intraelementos (afectan a atributos y/o tuplas de una única relación).

Y el esquema de una base de datos relacional será: E < {Ri } , { Ii } > siendo

- E: el nombre del esquema relacional.
- {Ri}: el conjunto de esquemas de relación.
- {Ii}: el conjunto de restricciones de integridad inter-elementos (afectan a más de una relación y/o dominio).

En términos de implementación en SQL92, un esquema E tendrá la siguiente forma: E <R, D, T, V> Siendo

- R: el conjunto de esquemas de relación (CREATE TABLE).
- D: el conjunto de definiciones de dominios (CREATE DOMAIN).
- T: el conjunto de restricciones interrelación y sobre dominios (CREATE ASSERTION, CREATE TRIGGER, ...).
- V: el conjunto de vistas (CREATE VIEW).

## 4.7 SGBDR

### 4.7.1 El MR y la arquitectura ANSI

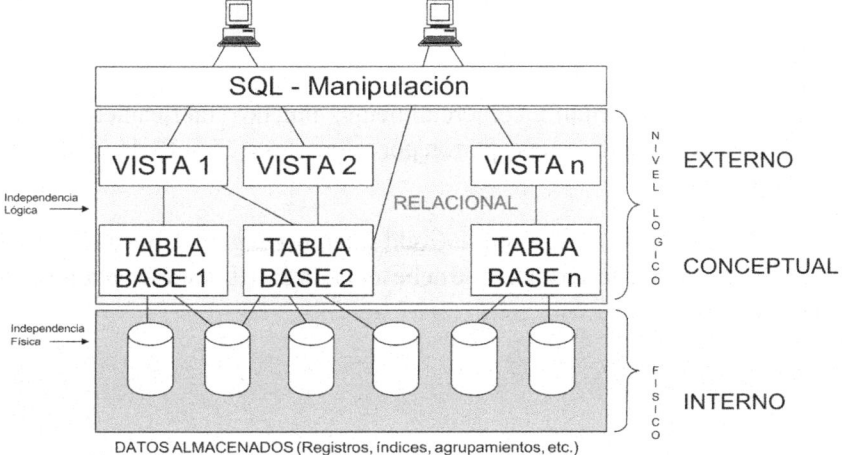

| ANSI | | RELACIONAL | |
|---|---|---|---|
| LÓGICO | Nivel externo | SQL | Vistas Relaciones Base |
| | Nivel conceptual | | Relaciones Base |
| FÍSICO | Nivel interno | PRODUCTOS | Datos Almacenados <br><br> • Relaciones base almacenadas <br><br> • Índices <br><br> • Punteros <br><br> • Direcciones de página <br><br> • Etc. |

El MR se adapta a la arquitectura ANSI, pero con las siguientes excepciones importantes:

▶ Al usuario se le permite ver, si tiene las correspondientes autorizaciones, tanto las relaciones base como las vistas, mientras que en la arquitectura ANSI, para un usuario, la BD está limitada al esquema externo -vistas-.

▶ Aunque las vistas se corresponden con los esquemas externos de ANSI y estos pueden actualizarse, en el MR no todas las vistas son actualizables.

▶ Además, en la práctica muchos SGBD relacionales no responden a la arquitectura a tres niveles, ya que las definiciones del esquema conceptual y del esquema interno no están claramente diferenciadas.

## 4.7.2 Reglas de Codd

Cuando el MR triunfó comercialmente, muchos fabricantes que tenían productos antiguos no relacionales optaron por retocarlos o camuflarlos añadiéndoles la etiqueta relacional.

Esto supuso una confusión que Codd intentó arreglar publicando sus 12+1 reglas, que indican las características que debe tener un SGBD para ser auténticamente relacional.

▶ **Regla 0**: un SGBD relacional debe emplear para gestionar la BD exclusivamente sus facilidades relacionales. De esta regla genérica se derivan las 12 restantes:

▶ 1) **Regla de información**: toda la información en la Base de datos es representada en una y solo una forma: valores en columnas de filas de tablas.

▶ 2) **Regla de acceso garantizado**: cada valor escalar individual puede ser direccionado indicando los nombres de la tabla, columna y valor de la clave primaria de la fila correspondiente.

▶ 3) **Tratamiento sistemático de valores nulos**: el SGBD debe soportar la representación y manipulación de información desconocida y/o no aplicable.

▶ 4) **Catálogo en línea** (diccionario de datos) basado en el modelo relacional.

▶ 5) **Sublenguaje de datos completo**: el SGBD debe soportar al menos un lenguaje relacional:

a) Con sintaxis lineal.

b) Que pueda ser usado interactivamente o en programas (embebido).

c) Con soporte para operaciones de:
  – Definición de datos (p.ej. declaración de vistas).
  – Manipulación de datos (p.ej. recuperación y modificación de tuplas).
  – Restricciones de seguridad e integridad.
  – Gestión de transacciones.

▶ 6) **Actualización de vistas**: todas las vistas teóricamente actualizables deben poder serlo en la práctica.

▶ 7) **Inserción, modificación y borrado de tuplas de alto nivel**: todas las operaciones de manipulación de datos deben operar sobre conjuntos de filas (lenguaje de especificación en vez de navegacional).

▶ 8) **Independencia física de los datos**: cambios en los métodos de acceso físico o la forma de almacenamiento no deben afectar al acceso lógico a los datos.

▶ 9) **Independencia lógica de los datos**: los programas de aplicación no deben ser afectados por cambios en las tablas que preservan la integridad.

▶ 10) **Independencia de la integridad**: las restricciones de integridad deben estar separadas de los programas, almacenadas en el catálogo de la BD para ser editadas mediante un sublenguaje de datos.

▶ 11) **Independencia de la distribución**: las aplicaciones no deben verse afectadas al distribuir (dividir entre varias máquinas), o al cambiar la distribución ya existente de la Base de Datos.

▶ 12) **Regla de no subversión**: si el sistema posee una interface de bajo nivel (p.ej. Mediante llamadas en C), este no puede subvertir el sistema pudiendo evitar restricciones de seguridad o integridad.

## 4.7.3 Tratamiento de valores nulos

ⓘ **NOTA**

Valor nulo: señal utilizada para representar información desconocida, inaplicable, inexistente, no válida, no proporcionada, indefinida, etc.

Necesidad de los valores nulos en BD:

▶ Crear tuplas (filas) con ciertos atributos cuyo valor es desconocido en ese momento, v.g. el año de edición de un libro.

▶ Añadir un nuevo atributo a una relación existente; atributo que, en el momento de añadirse, no tendría ningún valor para las tuplas de la relación.

▶ Atributos inaplicables a ciertas tuplas, por ejemplo, la editorial para un artículo (ya que un artículo no tiene editorial) o la profesión de un menor.

El tratamiento de valores nulos exige redefinir:

▶ Operaciones de comparación.
▶ Operaciones aritméticas.
▶ Operaciones algebraicas.
▶ Funciones de agregación.

De forma específica para el caso en que un operando tome valor nulo.

También obliga a introducir nuevos operadores especiales.

En las operaciones de comparación se hace necesario definir una **lógica trivaluada** incorporando el valor quizás.

| AND | C | Q | F |
|---|---|---|---|
| C | C | Q | F |
| Q | Q | Q | F |
| F | F | F | F |

| OR | C | Q | F |
|---|---|---|---|
| C | C | C | C |
| Q | C | Q | Q |
| F | C | Q | F |

| NOT | |
|---|---|
| C | F |
| Q | Q |
| F | C |

En la lógica trivaluada se utilizan tres valores: C (cierto), F (falso) y Q (quizás).

Además, se incluyen nuevos operadores:

☞ MAYBE (ES_POSIBLE): devuelve cierto si el argumento vale quizás y falso en otro caso.

| MAYBE | |
|---|---|
| C | F |
| Q | C |
| F | F |

☞ IS_NULL (ES_NULO), que toma el valor cierto si el operando es nulo y falso en caso contrario.

Se redefinen las operaciones aritméticas: se considera nulo el resultado de una suma, resta, multiplicación o división si alguno de los operandos toma valor nulo.

# 5

# EL MODELO RELACIONAL. ESTÁTICA. TRANSFORMACIÓN DE ESQUEMAS E/R A ESQUEMAS RELACIONALES

## 5.1 MODELO LÓGICO DE DATOS. OBTENCIÓN MODELO LÓGICO DE DATOS (MLD) A PARTIR DEL MODELO CONCEPTUAL DE DATOS (MCD)

### 5.1.1 Etapas del diseño lógico

En el diseño lógico se deben coordinar exigencias casi siempre encontradas, como son eliminar redundancias, conseguir la máxima simplicidad y evitar cargas suplementarias de programación, obteniendo una estructura lógica adecuada que venga a establecer el debido equilibrio entre las exigencias de los usuarios y la eficiencia.

Habrá que conseguir, por tanto, equilibrar los distintos requisitos exigidos al sistema: flexibilidad, confidencialidad, integridad, tiempo de respuesta, etc., estableciendo unas prioridades y adoptando una solución de compromiso.

Etapas dentro del diseño lógico:

a) **Diseño lógico estándar**: a partir del esquema conceptual de la etapa anterior, se elabora un esquema lógico estándar.

El esquema lógico estándar se describirá utilizando el lenguaje estándar del modelo de datos (SQL) en nuestro caso, por ser el lenguaje estándar de las SGBD Relacionales.

b) **Diseño lógico específico**: con el esquema lógico estándar, y teniendo en cuenta el modelo lógico específico propio del SGBDR (ORACLE, INFORMIX, SQL Server,...) se elabora el esquema lógico específico, que será descrito en el Lenguaje de Definición de Datos (LDD) del producto comercial que estemos utilizando.

## 5.1.2 Transformación del esquema conceptual al lógico estándar

La primera dificultad con la que nos enfrentamos a la hora de transformar esquemas Entidad / interrelación a esquemas relacionales es que los primeros tienen varios tipos de objetos distintos (entidades, interrelaciones, etc) y el segundo solo tiene un tipo de estructura (la tabla) por lo que todas las estructuras del Modelo Entidad / interrelación se deberán transformar en tablas o en columnas de tablas.

La transformación de un esquema en el modelo E/R a un esquema relacional esta basado en la aplicación de los tres principios siguientes:

1. Todo tipo de entidad se transforma en una relación.

2. Todo tipo de interrelación N:M se transforma en una relación.

3. Todo tipo de interrelación 1:N se transforma mediante un fenómeno de propagación de clave o se crea una nueva relación.

A primera vista puede observarse que con la transformación de un esquema E/R a un esquema relacional se pierde semántica puesto que tanto las entidades como las interrelaciones se transforman en relaciones o en columnas de relaciones. También hay pérdida de semántica en la transformación de interrelaciones mediante propagación de clave, donde desaparece incluso la relación 1:N.

Esta pérdida de semántica no implica un peligro para la integridad de la BD, ya que pueden definirse restricciones de integridad referencial que aseguren la conservación de la misma.

**Ejemplo:**

*Esquema Entidad/Interrelación*

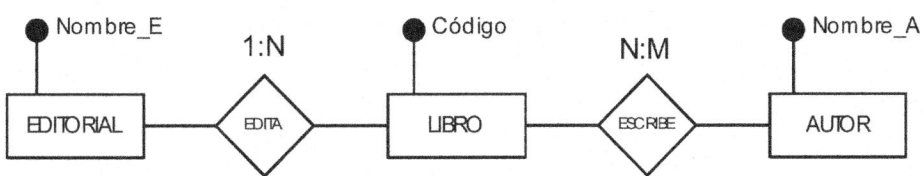

*Esquema Relacional*

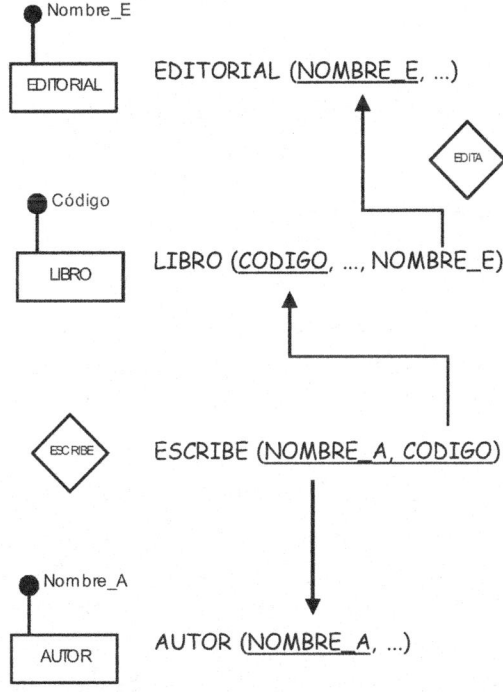

EDITORIAL (<u>NOMBRE_E</u>, ...)

LIBRO (<u>CODIGO</u>, ..., NOMBRE_E)

ESCRIBE (<u>NOMBRE_A, CODIGO</u>)

AUTOR (<u>NOMBRE_A</u>, ...)

### 5.1.3 Reglas de transformación

#### 5.1.3.1 TRANSFORMACIÓN DE DOMINIOS

En el modelo relacional estándar un dominio es un objeto más, propio de la estructura del modelo y tendrá su definición concreta en el LDD.

**Ejemplo:**

*Esquema Entdad/Interrelación*

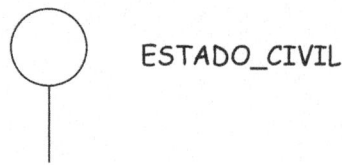

ESTADO_CIVIL

*Esquema Relacional*

DOMINIO E_CIVIL CHAR(1) IN ('S','C','V','D')

#### 5.1.3.2 TRANSFORMACIÓN DE ENTIDADES

Cada tipo de entidad se transforma en una relación.

El modelo lógico estándar posee el objeto RELACIÓN o TABLA mediante el cual representaremos las entidades. La tabla se llamará igual que el tipo de entidad de donde proviene. Para su definición dispondremos en SQL de la sentencia CREATE TABLE.

En este caso la transformación es directa y no hay pérdida de semántica.

**Ejemplo:**

*Esquema Entidad/Interrelación*

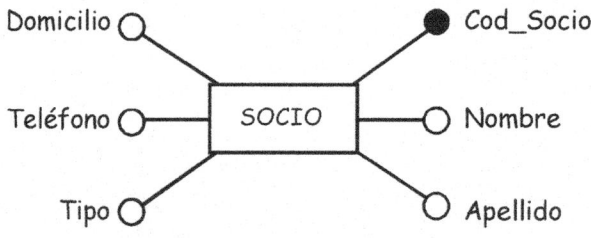

*Esquema Relacional*

SOCIO ( <u>COD_SOCIO</u>, NOMBRE, APELLIDO, DOMICILIO, TELEFONO, TIPO )

*Socio*

| COD_SOCIO | NOMBRE | APELLIDO | DOMICILIO | TELÉFONO | TIPO |
|-----------|--------|----------|-----------|----------|------|
| 00001 | SUSANA | HIDALGO | RIOS ROSAS 2 | 914138060 | I |
| 00002 | ADOLFO | SÁNCHEZ | S. BERNAR 44 | 914131419 | P |

## 5.1.3.3 TRANSFORMACIÓN DE ATRIBUTOS DE ENTIDADES

Cada atributo de una entidad se transforma en una columna de la relación a la que ha dado lugar la entidad. Pero teniendo en cuenta que tenemos atributos identificadores principales, alternativos y el resto, cada uno de los diferentes tipos sufrirá un tipo de transformación diferente:

▶ **Atributos identificadores principales**: el atributo(s) identificador principal de cada tipo de entidad pasa a ser la **clave primaria de la relación.**

El lenguaje lógico estándar recoge directamente este concepto por medio de la cláusula PRIMARY KEY en la descripción de la tabla, luego la transformación es directa y no hay pérdida de semántica.

▶ **Atributos identificadores alternativos**: el modelo lógico estándar recoge por medio de la cláusula UNIQUE estos objetos, ya que son soportados directamente por el modelo relacional. Al ser la transformación directa no hay pérdida de semántica.

▶ **Atributos no identificadores**: los atributos no principales pasan a ser columnas de la tabla, las cuales tienen permitido tomar valores nulos, a no ser que se indique lo contrario.

### 5.1.3.4 TRANSFORMACIONES DE INTERRELACIONES

La transformación de interrelaciones es más complicada y no puede producirse sin pérdida de semántica ya que deben transformarse, de la misma forma que los tipos de entidad, a tablas (o columnas de tablas) del modelo relacional. La transformación que sufrirán dependerá básicamente del tipo de correspondencia de la interrelación. La cardinalidad de las entidades en el tipo de relación debe ser tenida en cuenta para transformar adecuadamente la semántica recogida en el esquema E/R.

Estudiaremos la transformación de las interrelaciones agrupándolas según el tipo de correspondencia que puede darse entre ellas. Después estudiaremos los casos particulares que puedan producirse.

### Relaciones con tipo de correspondencia N:M

Un tipo de interrelación R con tipo de correspondencia N:M entre dos tipos de entidad A y B significa que una ocurrencia de A puede estar relacionada con muchas ocurrencias de B y que una ocurrencia de B puede estar relacionada con múltiples ocurrencias de A. En este caso, propagar la clave de alguna de las entidades a la otra para transformar la interrelación entre ambas no es una buena solución, ya que al ser una relación "de muchos a muchos" sea cual sea la tabla a la que se propague la clave de la otra, las ocurrencias (filas) de la tabla que recibe la clave propagada se repetirían tantas veces como el número de ocurrencias de la otra entidad con la que está relacionada.

Un tipo de interrelación N:M se transforma en una tabla que tendrá como atributos los AIP de las entidades que asocia. La clave primaria estará formada, como norma general, por la concatenación de ambos atributos. Hay pérdida de semántica, ya que no hay manera de diferenciar dentro de un esquema relacional qué relaciones provienen de una entidad y cuáles proceden de la transformación de relaciones.

### Ejemplo:

*Esquema Entidad / interrelación*

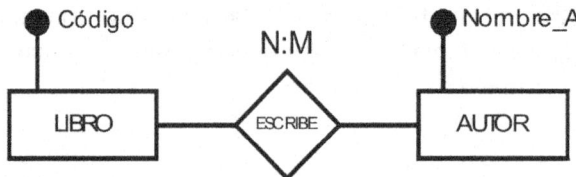

*Esquema Relacional*

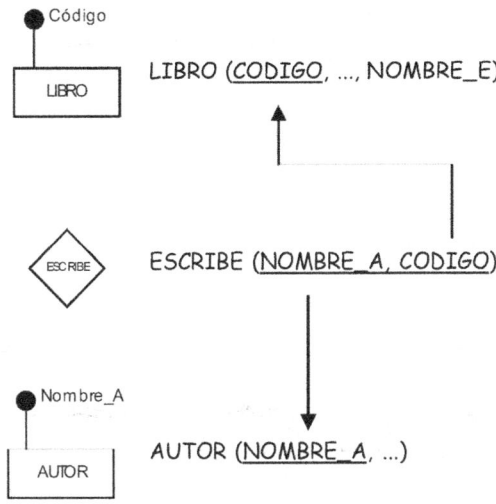

Cada uno de los atributos que forman la clave principal de la relación resultante de transformar la interrelación son una CLAVE AJENA respecto a cada una de las tablas donde este atributo es clave primaria, lo que se especifica en el lenguaje lógico estándar a través de la clausura FOREIGN KEY dentro de la sentencia de creación de la tabla. Habrá que estudiar qué ocurre en el caso de borrado o modificación de la clave primaria referenciada.

Otra característica que debemos recoger en esta transformación son las cardinalidades máxima y mínima de cada una de las entidades que participan en la relación. La cardinalidad mínima se transforma mediante la admisión o no de valores nulos en la entidad que propaga su AIP y la máxima mediante la especificación de restricciones o aserciones.

## Relaciones con tipo de correspondencia 1:N

Un tipo de interrelación con tipo de correspondencia 1:N entre dos tipos de entidad A y B significa que una ocurrencia de una de las entidades (por ejemplo A) puede estar relacionada con una o más ocurrencias de la entidad B, mientras que una ocurrencia de B está relacionada a lo sumo con una de A.

## Solución

En el caso de las interrelaciones con tipo de correspondencia 1:N la regla general de transformación consiste en propagar la clave de la entidad que tiene cardinalidad máxima 1 hacia la que tiene cardinalidad máxima n desapareciendo el nombre de la relación, con la consiguiente pérdida de semántica.

## Ejemplo:

*Esquema Entidad/Interrelación*

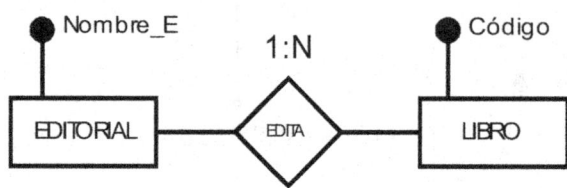

*Esquema Relacional*

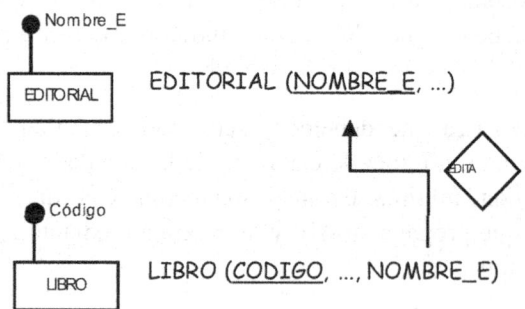

## Relaciones 1:1

Este es un caso particular de las interrelaciones con tipo de correspondencia 1:N. No hay una regla fija para su transformación, pudiéndose crear una nueva tabla o transformarla mediante una propagación de clave.

**Casos**

a) Si las entidades que se asocian poseen cardinalidades (0,1), entonces la interrelación se transforma en una relación, además de las dos relaciones a las que se transforman cada una de las entidades.

**Ejemplo:**

*Esquema Entidad/Interrelación*

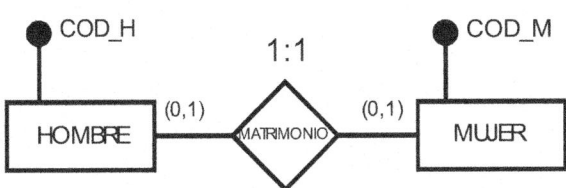

*Esquema Relacional*

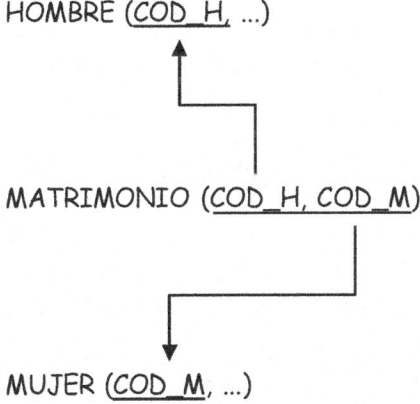

b) Si una de las entidades que participa en la relación posee cardinalidad (0,1), mientras que en la otra es (1,1), conviene propagar la clave de la entidad con cardinalidad (1,1) a la tabla resultante de la entidad de cardinalidades (0,1) con el fin de evitar que aparezcan valores nulos.

**Ejemplo:**

*Esquema Entidad/Interrelación*

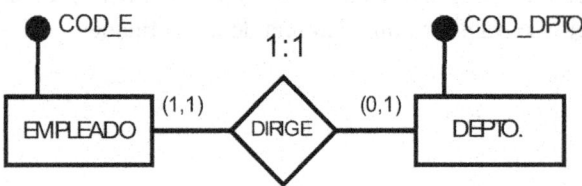

*Esquema Relacional*

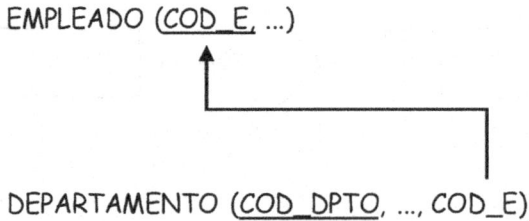

    c) En el caso de que ambas entidades presenten cardinalidades (1,1), se puede propagar la clave de cualquiera de ellas a la tabla resultante de la otra, teniendo en cuenta en este caso los accesos más frecuentes y prioritarios a los datos de las tablas.

### 5.1.3.5 TRANSFORMACIÓN DE INTERRELACIONES DE GRADO MAYOR QUE 2

    Las *interrelaciones ternarias, cuaternarias, etc.* se transforman igual que las interrelaciones N:M, es decir, creando una nueva tabla cuya clave primaria será la concatenación de las claves primarias de los tipos de interrelaciones participantes.

    Para controlar las cardinalidades mínimas y máximas de cada entidad participante deberá recurrirse a restricciones (CHECK, ASERTION, etc.)

### 5.1.3.6 TRANSFORMACIÓN DE DEPENDENCIAS EN EXISTENCIA Y EN IDENTIFICACIÓN

    La manera de transformar una interrelación de estos tipos es utilizar el mecanismo de propagación de clave creando una clave ajena con nulos no permitidos en la tabla de la entidad dependiente obligando a modificar y borrar en cascada.

Además, en el caso de dependencia en **identificación** la clave primaria de la tabla en la que se ha transformado la entidad débil debe estar formada por la concatenación de las claves de las dos entidades participantes en la interrelación.

### 5.1.3.7 TRANSFORMACIÓN DE RESTRICCIONES DE INTERRELACIONES

La transformación de restricciones de interrelaciones (exclusión, inclusión, etc.) mediante definición de restricciones pertinentes en cada caso (CHECK, ASSERTION, disparadores, etc.).

### 5.1.3.8 TRANSFORMACIÓN DE ATRIBUTOS DE RELACIONES

Si la relación se transforma en una relación, todos sus atributos pasan a ser columnas de la relación.

**Ejemplo:**

La relación "escribe" entre AUTORES y LIBROS tiene un atributo "derechos" que representa los derechos del autor que este recibe por el libro. La transformación es directa y no hay pérdida de semántica.

**Ejemplo:**

*Esquema Entidad/Interrelación*

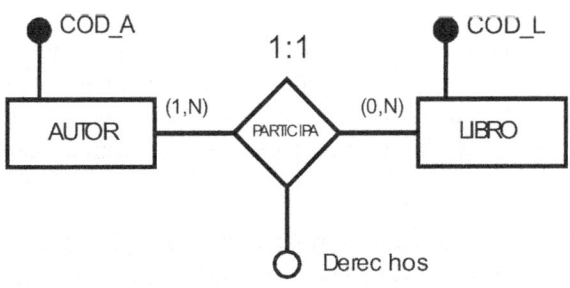

*Esquema Relacional*

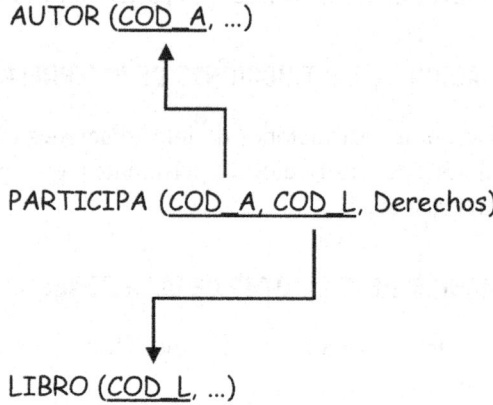

## 5.1.3.9 TRANSFORMACIÓN DE JERARQUÍAS DE TIPOS Y SUBIPOS

**Casos**

  ▸ **Opción a**: englobar todos los atributos de la entidad y sus subtipos en una sola relación.

  Adoptaremos esta solución, cuando los subtipos se diferencien en muy pocos atributos y las relaciones que los asocian con el resto de entidades del esquema sean las mismas para todos los subtipos.

  ▸ **Opción b**: crear una relación para el supertipo y tantas relaciones como subtipos haya, con sus atributos correspondientes. Esta es la solución cuando existen muchos atributos distintos entre los subtipos y se quieren mantener de todas las maneras los atributos comunes a todos ellos en una relación.

  ▸ **Opción c**: considerar las relaciones distintas para cada subtipo, que contengan además los atributos comunes. Se elegirá esta opción cuando se dieran las mismas condiciones que en el caso anterior (muchos atributos distintos) y los accesos realizados sobre los datos de los distintos subtipos siempre afectan a atributos comunes.

## Ejemplo:

*Esquema Entidad/Interrelación*

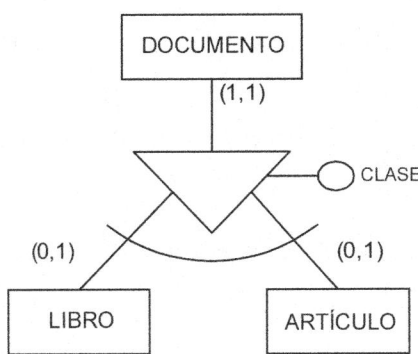

*Esquema Relacional*

a)  DOCUMENTO (<u>CODIGO</u>, TITULO, IDIOMA, .... TIPO)

b)  DOCUMENTO (<u>CODIGO</u>, TITULO, IDIOMA, ...)

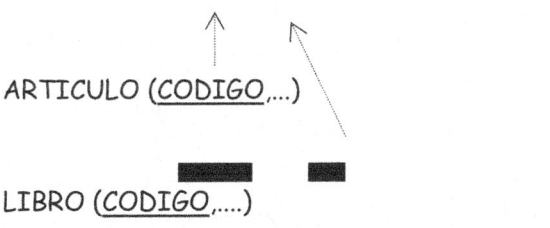

ARTICULO (<u>CODIGO</u>,...)

LIBRO (<u>CODIGO</u>,....)

c)  LIBRO ( <u>CODIGO</u>, TITULO, IDIOMA,...)

ARTICULO (<u>CODIGO</u>, TITULO, IDIOMA,...)

Podemos elegir entre tres estrategias distintas para la transformación de un tipo y sus subtipos al modelo relacional. Sin embargo, desde el punto de vista exclusivamente semántico la opción (b) es la mejor.

Por otra parte, desde el punto de vista de la eficiencia, tenemos que tener en cuenta que:

▸ **Opción a**: el acceso a una fila que refleje toda la información de una determinada entidad en mucho más rápido.

▸ **Opción b**: la menos eficiente, aunque es la mejor desde un punto de vista semántico.

▸ **Opción c**: aumentamos la eficiencia ante determinadas consultas. Pierde mucha semántica.

### 5.1.3.10 TRANSFORMACIÓN DE LA DIMENSIÓN TEMPORAL

En el caso de que en el esquema E/R aparezca el tiempo como un tipo de entidad, se tratará como cualquier otro tipo de entidad y se creará una tabla.

Cuando la dimensión temporal se ha representado a través de atributos de interrelación de tipo fecha, la transformación consiste en pasarlos a columnas de la tabla que corresponda, pero teniendo especial cuidado a la hora de elegir la clave primaria de la tabla resultante, dependiendo de los supuestos semánticos del entorno.

**Ejemplo:**

*Esquema Entidad/Interrelación*

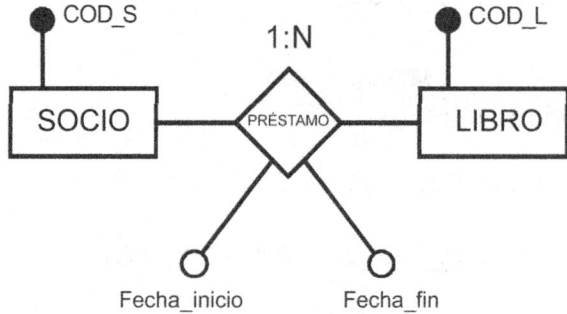

*Esquema Relacional*

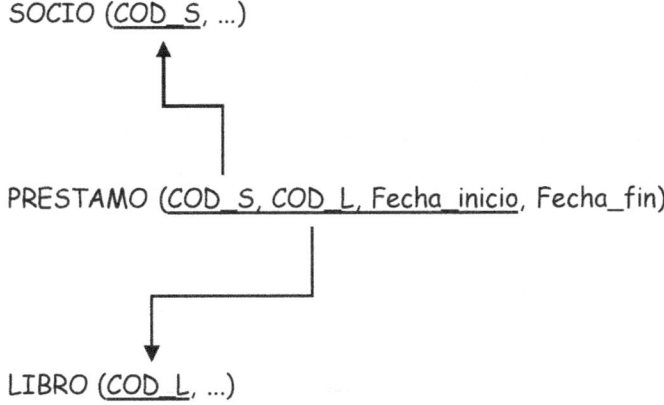

SOCIO (<u>COD_S</u>, ...)

PRESTAMO (<u>COD_S, COD_L, Fecha_inicio</u>, Fecha_fin)

LIBRO (<u>COD_L</u>, ...)

### 5.1.3.11      TRANSFORMACIÓN DE ATRIBUTOS DERIVADOS

No existe una transformación directa y concreta de los atributos derivados en el modelo lógico estándar. Por lo tanto se transformarán como atributos normales que pasarán a ser columnas de la tabla correspondiente. Además, se deberá construir un disparador que calcule el valor del atributo derivado cada vez que se inserten o borren las ocurrencias de los atributos que intervienen en el cálculo y añadir las restricciones correspondientes.

## 5.2 DEFINICIÓN DE OBJETOS EN EL MODELO RELACIONAL. INTRODUCCIÓN AL DDL DEL SQL

### 5.2.1 Creación de dominios

### 5.2.2 Tipos de datos

- Alfanuméricos.
- Numéricos.
- Fechas y Horas.
- Tipos de datos de usuario.

### 5.2.2.1 TIPOS DE DATOS ALFANUMÉRICOS

- ► CHAR (n)
- ► VARCHAR (n)

### 5.2.2.2 TIPOS DE DATOS NUMÉRICOS

- ► DECIMAL (precisión [, escala]).
- ► INT.
- ► REAL.

### 5.2.2.3 FECHAS Y HORAS

- ► DATE TIME.
- ► TIMESTAMP.

## 5.2.3 Tipos de datos de usuario: Sentencia CREATE DATATYPE

```
CREATE DATATYPE tipo_usuario tipo_dato
... [ [ NOT ] NULL ]
... [ DEFAULT valor_por_defecto ]
... [ CHECK (condicion) ]
```

Los tipos de datos de usuario pueden tener cláusulas CHECK y valores por defecto asociados. También puede indicarse si admiten o no valores nulos. Estas condiciones son heredadas por cualquier columna definida sobre ese tipo de dato. Si sobre la columna se especifica cualquier otra condición, esta prevalece sobre las condiciones del tipo de datos.

### Ejemplos:

- ► La siguiente sentencia crea un nuevo tipo de dato llamado "dirección" que consiste en una cadena de 50 caracteres y que admite valores nulos.

    CREATE DATATYPE dirección CHAR (50) NULL

- ► La siguiente sentencia crea un tipo de dato llamado "id", que consiste en un número entero positivo que no admite valores nulos.

    CREATE DATATYPE id INT NOT NULL CHECK (id >= 0)

## 5.2.4 Creación de relaciones (Tablas): CREATE TABLE

```
CREATE TABLE nombre_tabla (
definición_de_columna
[[CONSTRAINT nombre] restricción_de_columna ] | , ...
[[CONSTRAINT nombre] restricción_de_tabla ]
)
```

▟ Definición de columna:

```
nombre_columna tipo_dato [ NOT NULL ]
[ DEFAULT valor_por_defecto ]
```

▟ Restricción de columna:

```
UNIQUE
PRIMARY KEY
REFERENCES nombre_tabla [(nombre_columna)] [acciones]
CHECK (condición)
```

▟ Valor por defecto:

```
cadena_de_caracteres
número
CURRENT DATE
CURRENT TIME
CURRENT TIMESTAMP
NULL
```

▟ Restricción de tabla:

```
UNIQUE (nombre_columna, ...)
PRIMARY KEY (nombre_columna, ...)
CHECK (condición)
restricción_de_clave_ajena
```

▟ Restricción de clave ajena:

```
FOREIGN KEY [ alias ] [ (nombre_columna, ...) ]
REFERENCES nombre_tabla [ (nombre_columna, ...) ]
[ acciones ]
```

▶ Acciones:

```
[ ON UPDATE acción ] [ ON DELETE acción ]
Acción:
CASCADE
SET NULL
SET DEFAULT
RESTRICT
```

## 5.2.5 Descripción

```
nombre_columna tipo_dato [ NOT NULL ] [ valor por defecto ]
```

Define una columna de la tabla. Los tipos de datos permitidos son los descritos anteriormente. Dos columnas en la misma tabla no pueden tener el mismo nombre.

Si se especifica NOT NULL, o si se le aplica una restricción UNIQUE o PRIMARY KEY, la columna no puede tomar valores nulos.

## 5.2.6 Restricciones de tabla

Ayudan a mantener la integridad de los datos en la base de datos. Hay cuatro tipos de restricciones de integridad:

▶ **UNIQUE**: identifica una o más columnas que identifican unívocamente cada fila de la tabla.

▶ **PRIMARY KEY**: lo mismo que UNIQUE, salvo que una tabla solo puede tener una PRIMARY KEY.

▶ **FOREIGN KEY**: restringe los valores para un conjunto de columnas que deben coincidir con los valores de la clave principal o una restricción UNIQUE de otra tabla.

▶ **CHECK**: impone condiciones de verificación (reglas) que deben cumplir los valores de una columna. Por ejemplo, podría utilizarse una restricción de este tipo para asegurarse de que la columna "sexo" solo toma los valores "varón" o "mujer".

## 5.2.7 Restricciones de columna

Lo mismo que las restricciones de tabla. Por ejemplo, las siguientes sentencias son equivalentes:

```
CREATE TABLE MUNICIPIO (
Cod_Municipio int UNIQUE
)
CREATE TABLE MUNICIPIO (
Cod_Municipio int,
UNIQUE (Cod_Municipio)
)
```

Normalmente se usan las restricciones de columna, salvo que la restricción afecte a más de una columna, en cuyo caso deben emplearse las restricciones de tabla.

## 5.2.8 Restricciones de integridad

### def_columna UNIQUE o UNIQUE (nombre_columna,...)

Dos filas en la misma tabla no pueden tener valores idénticos en las columnas definidas como únicas. Una tabla puede tener más de una restricción UNIQUE.

Diferencias entre UNIQUE e índices únicos:

Las columnas sobre las que se define un índice único permiten nulos, mientras que si se define una restricción UNIQUE no. Por otro lado, una clave ajena puede referenciar a columnas sobre las que se ha definido una restricción UNIQUE pero no a columnas sobre las que se ha creado un índice único.

### def_columna PRIMARY KEY o PRIMARY KEY (nombre_columna,...)

La clave primaria de la tabla consiste en las columnas declaradas, y ninguna de esas columnas admite valores nulos. Si se usa la segunda forma, la clave primaria se crea con las columnas declaradas en el orden en el que se definieron, no en el orden en el que figuran en la cláusula.

### def_columna REFERENCES nombre_tabla_padre [ (nombre_columna_padre) ]

La columna es una clave ajena de la clave principal o de la restricción UNIQUE de la tabla padre. (Normalmente será una clave ajena de una clave principal)

Si se especifica nombre de columna, esta debe referirse a una columna de la tabla padre sobre la que se ha definido una restricción UNIQUE o PRIMARY KEY y esa restricción afecta solo a esa columna. En otro caso, la clave ajena referencia a la clave principal de la tabla padre.

Las acciones de integridad referencial definen las acciones a tomar para mantener las relaciones de claves ajenas en la base de datos. Cuando se modifica o se borra una clave principal en una tabla, los valores correspondientes de claves ajenas en otras tablas deben modificarse. Pueden especificarse las cláusulas ON UPDATE , ON DELETE o ambas seguidas de una de las siguientes acciones:

### FOREIGN KEY [ alias ] [(...)] REFERENCES nombre_tabla_padre [(...)]

La tabla contiene una clave ajena que referencia a la clave primaria o a una estricción UNIQUE de otra tabla. Normalmente, una clave ajena lo es de una clave principal.

### CASCADE

Usado con ON UPDATE, modifica las claves ajenas al nuevo valor de la clave principal. Usado con ON DELETE, borra las filas cuyo valor de clave ajena coincide con el valor de la clave principal borrada.

### SET NULL

Pone a NULL todos los valores de clave ajena que se correspondan con el valor de la clave principal borrada o modificada.

### SET DEFAULT

Asigna el valor especificado por defecto por la cláusula DEFAULT para todos los valores de clave ajena que se correspondan con el valor de la clave principal borrada o modificada.

**RESTRICT**

Impide la modificación o el borrado de la clave principal si existen valores de claves ajenas que la referencian.

**def_columna CHECK (condición) o CHECK (condición)**

No se permiten filas que no cumplan la condición.

## 5.2.9 Creación de índices: CREATE INDEX

```
CREATE [UNIQUE][CLUSTERED|NONCLUSTERED] INDEX nombre _ índice
ON nombre _ tabla (nombre _ columna [ ASC | DESC ], ...)
```

Crea un índice ordenado sobre las columnas especificadas de la tabla. Los índices son utlizados automáticamente por el gestor para aumentar el rendimiento de las consultas.

Una vez que se ha creado un índice, no vuelve a referenciarse, salvo para borrarlo mediante una sentencia DROP INDEX.

La restricción UNIQUE asegura que no habrá dos filas en la tabla con valores idénticos para las columnas del índice.

Por defecto se crea en orden ascendente.

El gestor crea automáticamente índices para las claves primarias y para las restricciones UNIQUE.

## 5.2.10 Modificación de la estructura de una tabla: ALTER TABLE

```
ALTER TABLE nombre_tabla
ADD def_columna [ restricción_de_columna ] |
ADD restricción de tabla
```

## 5.2.11 Borrado de objetos: DROP

```
DROP DATATYPE | INDEX | TABLE | VIEW nombre_del_objeto
```

## 5.2.12 Desencadenadores (Triggers)

Los desencadenadores son una forma especial de procedimiento almacenado que tiene efectos cuando se insertan, modifican o borran datos en una tabla.

Ayudan a mantener la integridad referencial de los datos garantizando la consistencia de los datos relacionados en diferentes tablas.

Su principal ventaja es que funcionan automáticamente.

Un desencadenador es específico para una o más operaciones de modificación de datos: UPDATE, INSERT o DELETE.

Se ejecuta una vez por cada sentencia SQL. Se dispara inmediatamente después de completarse las instrucciones de modificación de datos. El desencadenador y la sentencia que lo dispara se tratan como una única transacción que puede ser anulada desde el propio desencadenador. Si se detecta un error, toda la transacción se deshace.

### 5.2.12.1 DEFINICIÓN DE UN DESENCADENADOR: CREATE TRIGGER

La creación de un desencadenador (que es un objeto de la base de datos) se realiza especificando la tabla y las órdenes de modificación de datos que disparan o activan el desencadenador. Después se especifica la acción o acciones que el desencadenador debe llevar a cabo.

Un ejemplo simple: el siguiente desencadenador imprime un mensaje cada vez que alguien inserta, modifica o borra filas en la tabla vuelos:

```
create trigger t1
on vuelos
for insert, update, delete
as
print "Se ha modificado la tabla vuelos"
```

### Sintaxis de CREATE TRIGGER

La sintaxis completa de CREATE TRIGGER es la siguiente:

```
CREATE TRIGGER nombre_trigger
ON nombre_tabla
{ FOR {INSERT , UPDATE , DELETE }
AS
```

```
sentencias_SQL |
FOR {INSERT , UPDATE}
AS
IF UPDATE (nombre_columna)
[{AND | OR} UPDATE (nombre_columna)]...
sentencias_SQL }
```

La cláusula CREATE crea el desencadenador y le da nombre.

La cláusula ON proporciona el nombre de la tabla cuya modificación activará el desencadenador.

Un desencadenador se crea en la base de datos activa, no obstante puede hacer referencia a objetos en otras bases de datos. Nadie más que el propietario de la tabla puede crear desencadenadores sobre una tabla.

La cláusula FOR especifica qué órdenes de modificación de datos activarán el desencadenador para esa tabla. En el ejemplo anterior, las órdenes INSERT, UPDATE o DELETE sobre la tabla vuelos hacen que se imprima el mensaje.

Las sentencias SQL especifican las condiciones y las acciones del desencadenador. Las condiciones del desencadenador especifican criterios adicionales que determinan cuál de las órdenes INSERT, DELETE o UPDATE causará las acciones que el desencadenador llevará a cabo. Múltiples acciones en una cláusula IF pueden agruparse mediante BEGIN y END.

Una cláusula IF UPDATE comprueba una modificación o una inserción en la columna especificada. IF UPDATE no se usa con DELETE. Puede especificarse más de una columna. El uso de IF UPDATE es:

```
CREATE TRIGGER nombre_trigger
ON nombre_tabla
FOR {INSERT , UPDATE}
AS
IF UPDATE (nombre_columna)
[{AND | OR} UPDATE (nombre_columna)]...
sentencias_SQL
```

Al especificar el nombre de la tabla en la cláusula ON, no es necesario indicarla de nuevo en IF UPDATE.

## Sentencias SQL no permitidas en los desencadenadores

Como los desencadenadores se ejecutan como parte de una transacción, las siguientes sentencias SQL no se permiten en un desencadenador:

- ▼ Todas las sentencias CREATE.
- ▼ Todas las sentencias DROP.
- ▼ ALTER TABLE y ALTER DATABASE.
- ▼ GRANT y REVOKE.

## Borrar un desencadenador: DROP TRIGGER

Se puede eliminar un desencadenador borrándolo explícitamente o como efecto lateral borrando la tabla que lo dispara.

## Sintaxis de DROP TRIGGER

```
DROP TRIGGER nombre_desencadenador
```

Cuando se borra una tabla, todos los desencadenadores asociados a ella se borran automáticamente. El permiso para borrar desencadenadores se asigna por defecto al propietario de la tabla y no puede transferirse.

## Funcionamiento de los desencadenadores

Cuando una operación de modificación de datos afecta a la clave, el desencadenador compara los nuevos valores de la clave usando tablas de trabajo temporales llamadas trigger test tables. Cuando escribamos desencadenadores basaremos nuestras comparaciones con los datos almacenados temporalmente en las trigger test tables.

## Comprobación de la modificación de los datos mediante las trigger test tables

En las sentencias para escribir desencadenadores se utilizan dos tablas especiales: la tabla deleted y la tabla inserted. Son tablas temporales empleadas en las pruebas del desencadenador. Se utilizan para comprobar los efectos de algunas operaciones de modificación de datos y para establecer condiciones para las acciones del desencadenador. No se pueden alterar directamente los datos en estas tablas, pero pueden usarse en sentencias SELECT para detectar los efectos de una sentencia INSERT, UPDATE o DELETE.

▶ La tabla deleted almacena copias de las filas afectadas durante la ejecución de una sentencia DELETE o UPDATE. Durante la ejecución de una de estas sentencias, las filas se borran de la tabla del desencadenador y se transfieren a la tabla deleted. La tabla deleted y la tabla del desencadenador generalmente no tienen filas en común.

▶ La tabla inserted almacena copias de las filas afectadas durante una sentencia INSERT o UPDATE. Durante la ejecución de una de estas sentencias, las filas se insertan simultáneamente en la tabla del desencadenador y en la tabla inserted. Las filas de la tabla inserted son copias de las nuevas filas en la tabla del desencadenador.

▶ Una operación UPDATE es un borrado seguido de una inserción; las filas "viejas" se copian primero en la tabla deleted y las filas "nuevas" en la tabla del desencadenador y en la tabla inserted.

Al establecer las condiciones del desencadenador se deben utilizar las tablas adecuadas para cada operación de modificación. Aunque no es un error referenciar la tabla deleted en una operación INSERT o a inserted en una DELETE, esas tablas no contendrán ningún dato en esos casos.

---

### ⓘ NOTA

Un desencadenador se activa una sola vez por consulta. Si las acciones de un desencadenador dependen del número de filas a las que afecta una operación, se deben utilizar los tests de modificación de múltiples filas (como examinar la variable @@ rowcount).

---

### Ejemplo de desencadenador para inserción

Cuando se inserta una nueva fila con una clave ajena, debemos asegurarnos de que la clave ajena coincide con una clave principal.

El desencadenador comprueba las coincidencias entre las filas insertadas y las filas en la tabla de la clave principal y anula la transacción si alguna de las filas insertadas no coincide con la clave principal. En este ejemplo se anulan todos los cambios producidos por la sentencia INSERT, en ejemplos posteriores veremos cómo se pueden anular selectivamente las modificaciones de datos.

En la inserción, las nuevas filas se añaden a la tabla del desencadenador y a la tabla inserted. Para comprobar si las claves ajenas de las nuevas filas coinciden con las claves principales se realiza un join entre la tabla inserted y la tabla de la clave principal.

```
create trigger forinsertrig1
on vuelos
for insert
as
if (select count(*) from aviones, inserted
where aviones.tipo = inserted.tipo_avion) != @@rowcount
   begin
      rollback transaction
      print "No se puede insertar ese vuelo"
      print "no existe ese tipo de avión"
   end
else
   print "Nuevo vuelo insertado"
```

En este ejemplo, @@rowcount contiene el número de filas añadidas a la tabla vuelos. Este es también el número de filas que contiene la tabla inserted.

# 6

# DISEÑO EN EL MODELO RELACIONAL. TEORÍA DE LA NORMALIZACIÓN

## 6.1 INTRODUCCIÓN

Hemos visto hasta ahora el diseño conceptual de bases de datos y la estructura del Modelo Relacional. Vamos a ver en este tema el diseño en el modelo relacional.

Como ya hemos visto, los modelos de datos son instrumentos (objetos y reglas) que nos ayudan a representar el Universo del Discurso. El proceso de diseño de una base de datos consiste en representar un determinado Universo del Discurso mediante los objetos que proporciona el modelo de datos (estructuras) aplicando para ello las reglas de dicho modelo (restricciones inherentes).

Cuando realizamos un diseño en el Modelo Relacional, tenemos diferentes alternativas, pudiendo obtener diferentes esquemas relacionales, y no todos ellos serán equivalentes, unos representarán la información mejor que otros.

En este tema vamos a estudiar qué propiedades debe tener un esquema relacional para representar adecuadamente la realidad y cuáles son los problemas que se pueden derivar de un diseño inadecuado.

Como vimos al estudiar la estructura del Modelo Relacional, la información de nuestra base de datos puede representarse mediante un conjunto de objetos (estructuras), *dominios* y *relaciones* y de un conjunto de reglas de integridad.

Como en cualquier modelo, en el Modelo Relacional el diseño de una base de datos puede realizarse de dos formas distintas:

a) Obtener el esquema relacional directamente de la observación del universo del discurso.

b) Realizar el diseño conceptual (Modelo E/R) y transformarlo al Modelo Relacional. Las relaciones obtenidas de cualquiera de las dos formas pueden presentar problemas:

   • Incapacidad para representar ciertos hechos.

   • Redundancia en la información, lo que dará lugar a incoherencias en la misma.

   • Ambigüedades.

   • Aparición en la base de datos de estados que no son válidos en el mundo real: anomalías de modificación, inserción y borrado.

## Ejemplo:

**ESCRIBE**

| AUTOR | NACIONALIDAD | COD_LIBRO | TITULO | EDITORIAL | AÑO |
|---|---|---|---|---|---|
| DATE, C. | NORTEAM. | 98987 | DATABASES | ADDISON W. | 1990 |
| DATE, C. | NORTEAM. | 97777 | SQL STANDARD | ADDISON W. | 1986 |
| DATE, C. | NORTEAM. | 98987 | A GUIDE TO INGRES | ADDISON W. | 1988 |
| CODD, E. | NORTEAM. | 78900 | RELATIONAL MODEL | ADDISON W. | 1990 |
| GARDARIN | FRANCESA | 12345 | BASES DE DATOS | PARANINFO | 1986 |
| GARDARIN | FRANCESA | 67890 | COMPARACION BD | EYROLLES | 1984 |
| VALDURIEZ | FRANCESA | 69870 | COMPARACION BD | EYROLLES | 1984 |
| KIM, W. | NORTEAM. | 11223 | OO DATABASES | ACM PRESS | 1989 |
| LOCHOVSKY | CANADIENSE | 11223 | OO DATABASES | ACMPRESS | 1989 |

En el ejemplo, la relación ESCRIBE almacena datos sobre autores de libros (*autor* y *nacionalidad*) y sobre libros (*cod_libro, título, editorial* y *año*).

La relación ESCRIBE presenta varios de los problemas citados anteriormente:

- ▼ **Gran cantidad de redundancia**. La nacionalidad del autor se repite por cada ocurrencia del mismo. Del mismo modo, cuando un libro tiene más de un autor, la editorial y el año de publicación se repiten también.

- ▼ **Anomalías de modificación**. Puede ocurrir que modifiquemos el nombre de la editorial en una fila sin modificarlo en el resto de las que corresponden al mismo libro, lo que da lugar a incoherencias.

- ▼ **Anomalías de inserción**. No sería posible la inserción de un autor del que no hubiera ningún libro en la base de datos, ya que *cod_libro* forma parte de la clave primaria de la relación. Tampoco podríamos introducir obras anónimas. Por otro lado, la inserción de un libro con más de un autor obligaría a incluir tantas tuplas como autores tenga el libro.

- ▼ **Anomalías de borrado**. Si quisiéramos dar de baja un libro, también se perderían datos sobre sus autores (si de estos solo hay un libro), y si borramos un autor desaparecerán de la base de datos los libros escritos por él (a no ser que el libro tenga más de un autor).

Vemos, por tanto, que la actualización de un solo libro o de un solo autor puede obligar a la actualización de más de una tupla, lo que dejaría la integridad de la base de datos en manos del usuario, además de la falta de eficiencia de esas múltiples actualizaciones.

Si se hubiera seguido la metodología de diseño propuesta en los temas anteriores, no se habría presentado una relación de este tipo. La realización de un diseño conceptual en el modelo E/R y la transformación adecuada al modelo relacional evita estos problemas.

En cualquier caso, ante las posibles dudas respecto a si un esquema relacional es correcto, sería preferible aplicar a dicho esquema un método formal de análisis que determine lo que pueda estar equivocado en el mismo y nos permita deducir otro que nos asegure el cumplimiento de ciertos requisitos. Este método formal de análisis es la Teoría de la Normalización.

## 6.2 TEORÍA DE LA NORMALIZACIÓN

*"El modelo relacional tiene asociada una teoría que no puede ser separada del modelo: la teoría de la normalización de relaciones [...] tiene por objeto eliminar los comportamientos anormales de las relaciones durante las actualizaciones. También permite eliminar datos redundantes y facilita la comprensión de las relaciones semánticas entre los datos."* [GAR90]

### Concepción de esquemas relacionales

- ▶ Percepción del mundo real.
- ▶ Problemas derivados de una mala percepción del mundo real:
  - Redundancias.
  - Incoherencias durante las actualizaciones.
  - Proliferación de valores nulos.

*"Una relación que no represente verdaderas entidades o asociaciones entre entidades parece que sufrirá la presencia de datos redundantes y de incoherencias potenciales."* [GAR90]

### 6.2.1 La aproximación por descomposición

*"[...] parte de una relación compuesta de todos los atributos denominada 'relación universal', para descomponerla en subrelaciones que no padecen las anomalías anteriormente citadas. Es un proceso de depuración sucesiva que debe lograr aislar unas entidades y unas asociaciones del mundo real."* [GAR90]

### 6.2.2 Operaciones básicas sobre relaciones

Aunque el estudio de la componente dinámica del Modelo Relacional es materia del siguiente tema, necesitamos conocer dos operaciones básicas sobre relaciones: la descomposición mediante proyección y la reunión de dos relaciones.

#### 6.2.2.1 PROYECCIÓN

La proyección de una relación sobre un subconjunto de sus atributos es una relación definida sobre ellos, eliminando las filas repetidas. El resultado es un subconjunto vertical de la relación a la que se aplica el operador.

## 6.2.2.2 REUNIÓN NATURAL

Sean:

A ($X1, X2, ..., Xm, Y1, Y2, ..., Yn$) y B ($Y1, Y2, ..., Yn, Z1, Z2, ..., Zp$)

Suponemos que los atributos con el mismo nombre están definidos sobre el mismo dominio. Si consideramos ($X1, X2, ..., Xm$), ($Y1, Y2, ..., Yn$) y ($Z1, Z2, ..., Zp$) como los atributos compuestos $X$, $Y$ y $Z$. La reunión natural de A y B es una relación con la cabecera ($X$, $Y$, $Z$) y cuerpo formado por el conjunto de todas las tuplas ($X:x$, $Y:y$, $Z:z$) tales que una tupla $a$ aparezca en A con el valor $x$ en $X$ y el valor $y$ en $Y$, y una tupla $b$ aparezca en B con el valor $y$ en $Y$ y el valor $z$ en $Z$.

## Descomposición

Sustitución de la relación R(A1, A2 ... An) por una serie de relaciones R1, R2, ...Rn obtenidas mediante proyecciones de R y tales que la relación resultante de las reuniones R1 * R2 * ...

Rn tiene el mismo esquema que R.

## COCHE

| MATRICULA | MARCA | TIPO | POTENCIA | COLOR |
|-----------|-------|------|----------|-------|
| M 8491 EN | RENAULT | CLIO | 6 | AZUL |
| B 0989 BX | RENAULT | CLIO | 16 | ROJO |

## Descomposición 1

### *R1*

| MATRICULA | TIPO | COLOR |
|-----------|------|-------|
| M 8491 EN | CLIO | AZUL |
| B 0989 BX | CLIO | ROJO |

### *R2*

| TIPO | MARCA | POTENCIA |
|------|-------|----------|
| CLIO | RENAULT | 6 |
| CLIO | RENAULT | 16 |

## Descomposición 2

*V1*

| MATRICULA | TIPO |
|-----------|------|
| M 8491 EN | CLIO |
| B 0989 BX | CLIO |

*V2*

| TIPO | POTENCIA | COLOR |
|------|----------|-------|
| CLIO | 6 | AZUL |
| CLIO | 16 | ROJO |

*V3*

| TIPO | MARCA |
|------|-------|
| CLIO | RENAULT |

De las dos descomposiciones, si se admite que a un tipo de vehículo estén asociadas una sola marca y una sola potencia, una es mejor que la otra: la descomposición 2 no permite recuperar el color de un coche; la reunión V1*V2*V3 es diferente de la relación inicial COCHE.

## Descomposición sin pérdida

Descomposición de una relación R en R1, R2, ...Rn tal que para toda extensión de R se tiene: R = R1 * R2 * ... * Rn.

A continuación, vamos a estudiar los principales métodos propuestos para efectuar una descomposición sin pérdida que permita determinar unas entidades y asociaciones canónicas del mundo real y, en consecuencia, construir un esquema conceptual.

## 6.3 FORMAS NORMALES

La teoría de la normalización consiste en obtener esquemas relacionales que cumplan unas determinadas condiciones y se centra en las denominadas *formas normales*. Se dice que un esquema de relación está en una determinada forma normal si satisface un conjunto determinado de restricciones.

1FN Codd. Restricción inherente al Modelo Relacional: en una relación no puede haber grupos repetitivos.

2FN y 3FN, también Codd.

FNBC Forma normal de Boyce y Codd. Redefinición de la 3FN.

4FN y 5FN Fagin.

Una relación que está en 5FN también lo está en todas las anteriores. Una relación que está en 1FN no tiene por qué estar en 2FN.

Mejor 3FN que 2FN, etc.

La teoría de la normalización se basa en ciertas restricciones definidas sobre los atributos de una relación conocidas como *dependencias*.

Tipos de DEPENDENCIAS:

▼ Dependencias funcionales:
  • 2FN; 3FN; FNBC.
▼ Dependencias multivaluadas:
  • 4FN.
▼ Dependencias de proyección/combinación:
  • 5FN.

### 6.3.1 Normalización, enfoque intuitivo

**2FN:** un esquema de relación está en 2FN si, además de estar en 1FN, todos los atributos que no forman parte de ninguna clave candidata suministran información acerca de la clave completa.

**Ejemplo:**

PRESTAMOS (*num_socio, nombre_socio, cod_libro, fecha_prestamo, editorial, país*)

Claves candidatas son:
(*num_socio, cod_libro*).
(*nombre_socio, cod_libro*).

*Editorial* constituye una información acerca de *libro*, pero no acerca de la clave completa. No está en 2FN.

Para pasarlo a 2FN, se descompone en:

PRESTAMOS1 (*num_socio, nomb_socio, cod_libro, fecha_prestamo*).
LIBROS (*cod_libro, editorial, país*).

▸ En PRESTAMOS1, el único atributo que no forma parte de la clave es *fecha_prestamo*, pero suministra información acerca de ambas claves candidatas.

▸ En LIBROS, los dos atributos no clave suministran información acerca de la clave completa.

**3FN:** una relación está en 3FN si además de estar en 2FN, los atributos que no forman parte de ninguna clave candidata facilitan información solo acerca de la(s) clave(s) y no acerca de otros atributos.

▸ En PRESTAMOS1, solo *fecha_prestamo*, está en 3FN.

▸ En LIBROS, *país* facilita información acerca de la editorial que publica el libro. No está en 3FN. Se descompone en:

LIBROS1 (*cod_libro, editorial*).
EDITORIALES (*editorial, país*).

**3FN**: todos los atributos que no forman parte de ninguna clave candidata deben ser información referida a la clave, la clave completa y nada más que la clave.

## FNBC

En PRESTAMOS1, *nombre_socio* y *num_socio* se repiten por cada *cod_libro* que se les presta.

Una relación está en FNBC si el conocimiento de las claves candidatas permite averiguar todas las interrelaciones existentes entre los datos de la relación. Dicho de otra forma, las claves candidatas son los únicos descriptores sobre los que se facilita información por cualquier otro atributo.

En PRESTAMOS1 (*num_socio, nomb_socio, cod_libro, fecha_prestamo*) no en FNBC: *num_socio* informa acerca de *nomb_socio* y viceversa. Sin embargo, ninguno de ellos es clave (aunque formen parte de la clave).

Para pasar a FNBC:

SOCIOS (*num_socio, nomb_socio*).
PRESTAMOS2 (*num_socio, cod_libro, fecha_prestamo*).

El esquema queda con cuatro relaciones:

LIBROS1 (*cod_libro, editorial*).
EDITORIALES (*editorial, país*).
SOCIOS (*num_socio, nombre_socio*).
PRESTAMOS2 (*num_socio, cod_libro, fecha_prestamo*).

## 6.3.2 Concepto de dependencia funcional

Las dependencias son propiedades inherentes al contenido semántico de los datos que se han de cumplir para cualquier extensión del esquema de relación y forman parte de las restricciones de usuario del modelo relacional. Las dependencias nos muestran algunas importantes interrelaciones existentes entre los atributos del mundo real, cuya semántica tratamos de incorporar a nuestra base de datos. Son, por lo tanto, invariantes en el tiempo (siempre que no cambie el mundo real del cual proceden).

Puesto que las dependencias constituyen una parte importante de la semántica de nuestro universo del discurso, deben ser incluidas en los esquemas de relación. De modo que un esquema de relación será un par

<A, DEP>

Donde A es el conjunto de atributos de la relación, definidos sobre un conjunto de dominios, y DEP el conjunto de dependencias existentes entre dichos atributos.

Las tres primeras formas normales están relacionadas con las dependencias funcionales, de modo que en el proceso de normalización será fundamental identificar todas las dependencias funcionales del universo del discurso cuyo diseño estamos realizando y procuraremos conservar dichas dependencias a lo largo de todo el proceso de modo que el esquema resultante tenga las mismas dependencias funcionales que el esquema de partida o un conjunto equivalente.

**Definición de dependencia funcional**: sea el esquema de relación R definido sobre el conjunto de atributos A y sean X e Y subconjuntos de A llamados descriptores. Se dice que Y depende funcionalmente de X, o que X determina o implica a Y, y se representa por:

$$X \rightarrow Y$$

Si, y solo si, cada valor de X tiene asociado en todo momento un único valor de Y.

### 6.3.3 Esquemas de relación

El conjunto de dependencias funcionales, que se suele denominar por una L, forma con el conjunto de atributos de una relación, designados por T, el par llamado *Esquema de Relación* R(T, L). Este esquema de relación define la estructura de cualquier extensión definida sobre la relación.

### 6.3.4 Propiedades de las dependencias funcionales

A partir de un conjunto de dependencias funcionales pueden deducirse otras dependencias. Las reglas que permiten deducir unas dependencias a partir de otras son las siguientes:

1. *Reflexividad*: todo conjunto de atributos se determina a sí mismo o a una parte de sí mismo:

$$Y \subseteq X \Rightarrow X \rightarrow Y$$

2. *Aumento*: esta regla significa que, si X determina a Y, los dos conjuntos de atributos pueden verse enriquecidos por un tercer conjunto:

$$X \rightarrow Y \Rightarrow ZX \rightarrow ZY$$

3. *Transitividad*:

$$X \rightarrow Y \text{ y } Y \rightarrow Z \Rightarrow X \rightarrow Z$$

Las tres reglas anteriores componen los axiomas de las dependencias funcionales y se las conoce en la bibliografía bajo el nombre de "Axiomas de Armstrong". De estos axiomas se deducen otras reglas:

4. *Unión*:

$$X \rightarrow Y \text{ y } X \rightarrow Z \Rightarrow X \rightarrow YZ$$

5. *Pseudo-Transitividad*:

$$X \to Y \ y \ WY \to Z \Rightarrow WX \to Z$$

6. *Descomposición*:

$$X \to Y \ y \ Z \subseteq Y \Rightarrow X \to Z$$

## 6.3.5 Tipos de dependencias funcionales

**Dependencia funcional total, plena o completa**: si el descriptor X es compuesto, se dice que Y tiene una dependencia funcional completa de X si depende funcionalmente de X pero no depende de ningún subconjunto del mismo.

**Dependencia funcional trivial:** una dependencia funcional $X \to Y$ se dice que es trivial si Y es un subconjunto de X ($Y \subseteq X$).

### Ejemplo:

```
cod_libro → cod_libro
artículo, revista → revista
```

**Descriptores equivalentes**: se dice que dos descriptores X e Y son equivalentes si:

$$X \to Y$$
$$Y \to X$$

Lo que se representa por $X \leftrightarrow Y$

**Dependencia funcional transitiva**: sea el esquema de relación R (X, Y, Z), en el que existen las dependencias funcionales que se muestran a continuación:

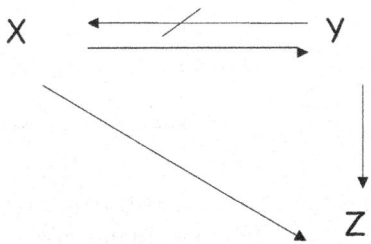

se dice que Z tiene una dependencia funcional transitiva respecto a X a través de Y.

**Ejemplo:**

En la relación:

LIBRO_EDITORIAL (*cod_libro, editorial, país*)

Cuyo significado es: para cada libro tenemos su código, la editorial que lo publica y el país de la editorial. Suponiendo que una editorial publica en un único país, tendremos las siguientes dependencias funcionales:

$$cod\_libro \rightarrow editorial$$
$$editorial \rightarrow país$$

Por tanto hay una dependencia funcional transitiva entre *cod_libro* y *país* a través de *editorial*.

## 6.3.6 Diagrama de dependencias funcionales

Una herramienta útil a la hora de representar y trabajar con dependencias funcionales es el diagrama de dependencias funcionales:

COD_LIBRO          ► TITULO, EDITORIAL

                   ► FECHA_PRESTAMO, FECHA_DEV

NUM_SOCIO          ► NOMBRE, DOMICILIO, TELEFONO

## 6.3.7 Claves

Un concepto muy importante dentro de un esquema relacional R(T,L) es el de **clave**. Un descriptor K (K Subconjunto de T) se dice que es clave del esquema R cuando existe la dependencia funcional K → T y, además, es una dependencia funcional total. Dicho de otra forma, K seria clave si no existe ningún subconjunto propio de K con la misma propiedad. Es evidente que, en general, un esquema puede tener varias claves y que, como mínimo, tendrá una clave.

A los atributos que forman parte de alguna clave se les denomina principales, y a los que no formaran parte de ninguna clave se les denomina no principales. Para cada relación se define una clave como clave primaria, denominándose a los atributos constituyen claves primarias simples (de un solo atributo) como atributos primarios.

### 6.3.7.1 DEFINICIÓN DE SUPERCLAVE Y CLAVE DE UNA RELACIÓN

Dado el esquema R (A, DF), se denomina SUPERCLAVE (SK) de la relación R a un subconjunto no vacío de A, tal que, SK → A es una consecuencia lógica de DF.

K es CLAVE CANDIDATA de R, si además de ser una superclave, no existe ningún subconjunto $K' \subset K$ tal que K' implique también A.

La CLAVE es, un caso especial de SUPERCLAVE.

### 6.3.7.2 DETERMINACIÓN DE SI UN DESCRIPTOR ES CLAVE DE UNA RELACIÓN

Dada una relación R (A, DF), se trata de comprobar si un descriptor X es una clave.

Se calcula el cierre $XDF^+$ de X si

$$XDF^+ \to A, \text{ X es Superclave}$$

$$XDF^+ \nrightarrow A, \text{ X no es Superclave}$$

Si X es una Superclave, se hallan todos los subconjuntos Xi' del descriptor, si algún

$$Xi'^+ \to A, \text{ X no es clave}$$

en caso contrario

$$\text{X es una CLAVE candidata.}$$

El cálculo del cierre nos va a permitir determinar si un descriptor es clave, así como obtener las claves de un esquema.

## 6.3.8 Algoritmo de Ullman para el cálculo del cierre de un descriptor

Dado un esquema relacional R(T, L) se plantea el problema de determinar qué atributos dependen funcionalmente de un determinado descriptor. Para ello, se introduce el concepto de cierre de un descriptor respecto de un conjunto de dependencias funcionales. El cierre del descriptor X será otro descriptor que incluirá todos los atributos que dependen funcionalmente de X. En particular, y debido al axioma de reflexividad, el propio descriptor estará contenido en su cierre.

Formalmente, el cierre de X respecto de un conjunto de dependencias funcionales L es un descriptor (denominado $X^+$) para el cual se cumple que $(X \rightarrow X^+) \in L^+$, y además $X^+$ es máximo en el sentido que la adición de algún nuevo atributo de T vulneraría la anterior condición. Como una consecuencia de esta definición, se puede afirmar que si el cierre de un descriptor X coincide con el conjunto total de atributos T, solo hará falta determinar si la dependencia $X \rightarrow T$ es total para poder afirmar que X es una clave del esquema.

El cálculo del cierre de un descriptor X se realiza de acuerdo a un proceso iterativo de cálculo de sucesivos descriptores Xi, hasta llegar a unas condiciones que nos determinan la finalización del proceso. Este proceso se define en el siguiente algoritmo:

### ALGORITMO DE ULLMAN

**Entrada :** un conjunto de dependencias funcionales DF
Un descriptor X
**Salida :**   $X^+$, cierre de X respecto a DF.
**Pasos :**   $X^+ = X$
1) Repetir hasta que no se añadan más atributos a $X^+$
Por cada dependencia $Y \rightarrow A$ en DF . Si Y pertenece a $X^+$ y A no esta en $X^+$ entonces $X^+ = X^+ \cup A$

**Ejemplo:** (del cálculo del cierre de un descriptor).

R (cod_libro, titulo, idioma, editorial)
L = {cod_libro $\rightarrow$ título,
         título $\rightarrow$ cod_libro,
         cod_libro $\rightarrow$ idioma,
         título $\rightarrow$ editorial }

cod_libro$^+$ = { cod_libro, título, idioma, editorial }

**Ejemplo:**

Dado el siguiente esquema de relación:

PRESTAMOS (num_socio, nombre_socio, cod_libro, fecha_prestamo, editorial, país) donde se definen las siguientes dependencias funcionales:

num_socio → nombre_socio
nombre_socio → num_socio,
cod_libro → editorial,
editorial → país,
num_socio, cod_libro → fecha_prestamo

Determinar si el descriptor: (num_socio, cod_libro) es una clave.

Calculamos su cierre:

(num_socio, cod_libro)$^+$ = (num_socio, cod_libro, nombre_socio, editorial, fecha_prestamo, país)

Como el cierre coincide con el conjunto de atributos de la relación podemos afirmar que el descriptor (num_socio, cod_libro) es una SUPERCLAVE.

Además:

(num_socio)$^+$ = (num_socio, nombre_socio)
(cod_libro)$^+$ = (cod_libro, editorial, país)

Ninguno de los cuales coincide con el conjunto de los atributos de la relación, podemos decir que el descriptor (num_socio, cod_libro) es CLAVE.

## 6.3.9 Cálculo de Claves

A continuación se proporcionará un procedimiento intuitivo que nos permitirá calcular una o más claves de un esquema de forma rápida y sencilla. El procedimiento es el siguiente:

Sea el esquema relacional R(T, L) del cual es necesario hallar una clave. Para el cálculo de las claves se identificarán cuatro conjuntos de atributos:

▸ N : atributos que no se encuentran en ninguna dependencia funcional. Estos atributos forman parte de cualquier clave del esquema, ya que no existe otra forma de determinarlos.

⚐ I : atributos que solo se encuentran en la parte izquierda de dependencias funcionales. Al igual que en el caso anterior, estos atributos forman parte de cualquier clave del esquema por la misma razón.

⚐ D : atributos que solo se encuentran en la parte derecha de dependencias funcionales. Estos atributos no pueden formar parte de ninguna clave, ya que siempre se pueden obtener a partir de otros.

⚐ ID : atributos que se encuentran tanto en la izquierda como en la derecha de las dependencias funcionales. Estos atributos pueden estar, o no, en alguna clave.

Una vez identificados estos conjuntos de atributos el cálculo de la clave se realiza de la siguiente forma:

Sea $Z = N \cup I$. Como sabemos que los atributos que forman estos dos conjuntos siempre pertenecen a cualquier clave, se comprobará en primer lugar si por sí solos constituyen una clave: si $Z^+ = T$ entonces Z es la única clave del esquema y el procedimiento se termina.

Si no ocurre la condición planteada en el paso anterior, se deberán añadir gradualmente a Z atributos pertenecientes al conjunto ID, hasta que el cierre de Z coincida con T. Cuando esto ocurra, se deberá comprobar que eliminado cualquier atributo de Z ya no se cumple la condición, punto en el cual Z constituye una clave del esquema.

### Ejemplo:

Dado el esquema relacional R(T, L) definido de la siguiente forma :

T = { A, B, C, D, E, F, G, H, J }
L = {     C → E
          D → F
          GH → J
          J → GH }

Los cuatro conjuntos serán para este caso los siguientes :

N = { A, B }
I = { C, D }
D = { E, F }
ID = { G, H, J }

En este caso, Z = ABCD y $Z^+$ = ABCDEF que no coincide con T, luego aún no disponemos en Z de una clave.

Como no se cumple la condición prevista en el primer paso del procedimiento, debemos añadir algún atributo a Z. En este caso ID = { G H J }, siendo GH y J partes izquierdas completas de alguna dependencia funcional. Si añadimos cualquier de estos dos descriptores a Z obtendremos los descriptores ABCDGH y ABCDJ, cuyo cierre coincide con T y que además, son mínimos. Se han determinado dos claves del esquema que, además, son las dos únicas claves.

## 6.4 NORMALIZACIÓN BASADA EN DEPENDENCIAS FUNCIONALES

### 6.4.1 Segunda forma normal (2FN)

Se dice que una relación está en 2FN si:

▶ Está en 1FN.
▶ Cada atributo no principal tiene dependencia funcional total respecto de la clave.

Para pasar a 2FN se divide la tabla en dos:

▶ Una tabla con la clave y los atributos que dependen de ella (sus dependencias totales).

▶ Otra tabla con la parte de la clave que tiene dependencias junto con los atributos implicados.

**Ejemplo:**

R (**a, b**, c, d) { ab → c, b → d }

No está en 2FN puesto que parte de la clave (b) determina a un atributo no primario (d), luego debe descomponerse en dos relaciones que estén en 2FN:

R1 (**a, b**, c) { ab → c }; R2 (**b**, d) { b → d }

## 6.4.2 Tercera forma normal (3FN)

Se dice que una relación está en 3FN si:

- Está en 2FN.
- Ningún atributo no principal depende transitivamente de la clave.

Para pasar a 3FN se divide la tabla en dos:

- Una tabla contiene la clave y los atributos no primarios que no son transitivamente dependientes de ella.

- La otra está formada por el atributo no primario que depende transitivamente de la clave junto con el atributo no primario con el que mantiene la dependencia funcional transitiva.

## 6.4.3 Forma normal de Boyce y Codd (FNBC)

Se dice que una relación está en FNBC si:

- Está en 3FN.
- Todo atributo no primario depende de la clave y no existe parte de la clave que dependa de un atributo no primario. Dicho de otra forma: todo determinante es una clave candidata. Las únicas DF son las de la clave y un atributo.

Para pasar una relación a FNBC se divide la relación en dos, como se muestra en el siguiente ejemplo:

$$R(\mathbf{a,b},c) \{ ab \rightarrow c, c \rightarrow b \}$$

No está en FNBC porque parte de la clave (b) viene determinada por un atributo no primario (c). Debe descomponerse en las dos relaciones siguientes que sí están en FNBC: R1 $(\mathbf{a,c})$ ; R2 $(\mathbf{c},b)$ $\{ c \rightarrow b \}$

Obsérvese que se pierde la dependencia funcional ab $\rightarrow$ c, aunque puede demostrarse que se trata de una descomposición sin pérdida y la dependencia funcional que se pierde al descomponer la relación original puede recuperarse al reunir las dos relaciones resultantes.

## 6.5 OTRAS DEPENDENCIAS Y FORMAS NORMALES

Las dependencias funcionales nos permiten obtener relaciones en FNBC, pero son insuficientes para eliminar las redundancias y con ellas las anomalías de actualización.

### 6.5.1 Dependencias multivaluadas y 4FN

Ejemplo de relación que está en FNBC con redundancias.

▸ ESTUDIANTE(**NE, CURSO, DEPORTE**).

▸ Significa que se quiere guardar información relativa a cursos estudiados y deportes practicados por los estudiantes cuyo número de estudiante (N.E.) se guarda.

▸ En la clave son necesarios los tres campos para distinguir tuplas como se puede ver en la siguiente extensión de la relación:

| ESTUDIANTE | N.E. | CURSO | DEPORTE |
|---|---|---|---|
| | 100 | BBDD | Tenis |
| | 100 | BBDD | Fútbol |
| | 200 | BBDD | Vela |
| | 200 | Matemáticas | Vela |

Observaciones a la tabla:

▸ Se debe observar que esta tabla mezcla, aunque conceptualmente son informaciones independientes entre sí, los CURSOS y los DEPORTES de una serie de estudiantes. Está claro que el estudiante 100 práctica tenis y fútbol de forma independiente a que estudie BBDD o Matemáticas.

▸ Está en FNBC; puesto que no hay dependencias funcionales:

• Un único valor de N.E. no determina un único valor de CURSO ni de DEPORTE.

• Está claro, por la semántica de la relación, que CURSO y DEPORTE son independientes. Entre ellos no hay una dependencia funcional.

- Un único valor de N.E., a lo más, determina un conjunto de valores de CURSO:

    - 100 → { BBDD }

    - 200 → { BBDD y Matemáticas }

    y un conjunto de valores de DEPORTES:

    - 100 → { Tenis y Fútbol }

    - 200 → { Vela }

- Por otro lado, como CURSO y DEPORTES son independientes; si, por ejemplo, 100 estudiase también Matemáticas, intentaríamos añadir la tupla (100, Matemáticas) y tendríamos la duda de qué valor de deporte incluir en es tupla:

    - Si ponemos solo Tenis, es falso. En caso de eliminar todas las tuplas relativas al alumno 100 y su curso de BBDD, desaparecería la información relativa a que el alumno 100 práctica Fútbol. La semántica de la relación no implica que si el alumno deja de estudiar BBDD deje también de practicar Fútbol.

    - Por un razonamiento análogo, y guiándonos solo por la semántica de la relación, nos vemos obligados añadir una tupla por cada deporte que practique. En concreto las dos siguientes: (100, Matemáticas, Tenis), (100, Matemáticas, Fútbol).

    - Recuérdese esta característica de "tener que introducir todas las combinaciones posibles" al introducir tuplas nuevas solo respecto a uno de los campos independientes para compararla con las características de la próxima dependencia (de reunión) y forma normal asociada (5FN).

▸ En resumen:

a) Un valor de N.E. determina, no un único valor de CURSO (tendríamos N.E.→ CURSO) ni un único valor de DERPORTE (tendríamos N.E.→ DEPORTE); sino varios.

b) CURSO y DEPORTE (que según la semántica de la relación dependen de N.E.–el curso y el deporte son información del alumno, dependen solo de él aunque no en una relación de valores 1 a 1-) son independientes.

## 6.5.2 Definición de dependencia multivaluada

⚐ Sea R(A1, A2, ... , An) el esquema de una relación.

⚐ Sea X e Y subconjuntos de A1, A2, ... , An. Se dice que X multidetermina Y o que hay una dependencia multivaluada entre X e Y, y se representa $X \rightarrow \rightarrow Y$, si dado un valor de X, existe un conjunto de valores de Y asociados, y este conjunto es independiente de los otros atributos Z=R-X-Y.

### 6.5.2.1 EXPRESIÓN DE LA DEFINICIÓN MEDIANTE TUPLAS

⚐ Esta definición implica la siguiente afirmación sobre las tuplas de la extensión de la relación:

$$(X \rightarrow \rightarrow Y) \Leftrightarrow \{ (x,y,z) \text{ y } (x,y',z') \in R \Rightarrow (x,y',z) \text{ y } (x,y,z') \in R\}$$

⚐ Es decir, cuando tenemos tuplas con el mismo valor del descriptor X, debemos tener también tuplas con todas las combinaciones posibles del atributo con el que existe la dependencia multivaluada (Y) y el resto de los atributos (Z).

### 6.5.2.2 OBSERVACIONES A LA DEFINICIÓN

**La Dependencia multivaluada es una generalización de la dependencia funcional.**

⚐ Es decir:

$$(X \rightarrow Y) \Rightarrow (X \rightarrow \rightarrow Y) \text{ ya que:}$$

$$(X \rightarrow Y) \Rightarrow \{(x,y,z) \text{ y } (x,y',z') \in R \Rightarrow y=y' \}$$

es decir, cuando tenemos en R dos tuplas con el mismo valor del descriptor X, dado que un valor de ese descriptor implica un valor del descriptor Y, en todas las tuplas de R que compartan ese valor de X tenemos que encontrar el mismo valor de Y. Por tanto:

$$(X \rightarrow \rightarrow Y) \Leftrightarrow \{ (x,y,z) \text{ y } (x,y',z') \in R \Rightarrow (x,y',z) \text{ y } (x,y,z') \in R\}$$

Puesto que son las mismas tuplas $(x,y',z) = (x,y,z)$ que está en R por hipótesis y $(x,y,z')=(x,y,z)$ que también está en R por hipótesis.

⚐ Al igual que con el concepto de dependencia funcional hay un poderoso estudio matemático debajo (estudio de axiomas y propiedades, algoritmos, etc.), asociado al concepto de dependencia multivaluada ocurre lo mismo. Estos aspectos teóricos no son objeto del presente curso.

### 6.5.2.3 MÁS EJEMPLOS DE DEPENDENCIAS MULTIVALUADAS

⚑ VUELO(**NúmeroVuelo, Avión,Piloto**).

⚑ Esta relación significa que hay un conjunto de aviones y de pilotos para realizar una serie de vuelos. Todos los pilotos pueden pilotar todos los aviones, todos los aviones pueden ser pilotados por todos los pilotos. El número de vuelo determina el conjunto de aviones que lo realiza y el conjunto de pilotos que interviene en él.

⚑ Según esta semántica parece claro que tenemos las siguientes dependencias multivaluadas:

$$\text{NúmeroVuelo} \twoheadrightarrow \text{Avión}$$

$$\text{NúmeroVuelo} \twoheadrightarrow \text{Piloto}$$

## 6.5.3 Definición de 4FN

Una relación R está en 4FN $\Leftrightarrow$

a) R está en FNBC.

b) Las únicas dependencias multivaluadas son aquellas en las que una clave determina un atributo.

### 6.5.3.1 NORMALIZACIÓN DE LOS EJEMPLOS NO EN 4FN POR DEPENDENCIAS MULTIVALUADAS

⚑ ESTUDIANTE(**N.E., CURSO, DEPORTE**) con N.E.$\twoheadrightarrow$ CURSO y N.E. $\twoheadrightarrow$ CURSO no está en 4FN porque hay dependencias multivaluadas distintas a aquellas en las que una clave determina a un atributo.

⚑ ESTUDIANTE1(**N.E.,CURSO**) y ESTUDIANTE2(**N.E., DEPORTE**) sí lo está.

⚑ VUELO(**NúmeroVuelo, Avión, Piloto**) con NúmeroVuelo$\twoheadrightarrow$ Avión y NúmeroVuelo$\twoheadrightarrow$ Piloto no está en 4FN por la misma razón.

⚑ VUELO1(**NúmeroVuelo, Avión**) y VUELO2(**NúmeroVuelo, Piloto**) con sí lo está.

## 6.5.3.2 EJEMPLO DE RELACIÓN EN 4FN QUE PRESENTA REDUNDANCIAS

Consideremos el siguiente ejemplo de relación;

| VINOS | BEBEDOR | CALDO | PRODUCTOR |
|---|---|---|---|
| | Ramón | Chablis | Claudio |
| | Ramón | Chablis | Nicolás |
| | Ramón | Montilla | Nicolás |
| | Jesús | Chablis | Nicolás |

Que significa lo siguiente:

a) Ramón bebe Chablis producido por Claudio, es decir al que le realiza pedido de vinos, que también bebe Chablis producido por Nicolás, es decir, que a Nicolás también le pide vino y que bebe Montilla producido por Nicolás ya sabemos que Ramón realiza pedidos de vinos a Nicolás .

b) Jesús bebe Chablis producido por Nicolás, es decir, que Jesús bebe Chablis, que Nicolás produce Chablis y que Jesús, además realiza pedidos a Nicolás.

Para formar una clave, a la vista de la extensión anterior, necesitamos los tres atributos VINOS(**BEBEDOR, CALDO, PRODUCTOR**).

## Observaciones a la relación anterior

▶ La relación VINOS está en 4FN; ya que no hay dependencias multivaluadas en la extensión presentada (intuitivamente "faltan posibles combinaciones de CALDO y PRODUCTOR para valores iguales de BEBEDOR", semánticamente, PRODUCTOR y CALDO no son independientes puesto que cada PRODUCTOR produce una serie de CALDOS, además de que BEBEDOR beba una serie de CALDOS y realice pedidos a algún PRODUCTOR).

▶ BEBEDOR→ → CALDO es falso, puesto que hay tuplas para BEBEDOR Ramón con dos caldos distintos (Montilla y Chablis) y con dos productores distintos (Claudio y Nicolás), y en lugar de aparecer las tuplas de todas las combinaciones posibles (estamos considerando igualdad de BEBEDOR).

(Ramón, Montilla, Claudio).
(Ramón, Montilla, Nicolás).
(Ramón, Chablis, Claudio).
(Ramón, Chablis, Nicolás).
Solo aparecen las tres últimas.

▶ CALDO→ → PRODUCTOR también es falso puesto que por un razonamiento análogo, en lugar de aparecer todas las posibles tuplas (estamos considerando igualdad de CALDO).

(Jesús, Chablis, Claudio).
(Jesús, Chablis, Nicolás).
(Ramón, Chablis, Claudio).
(Ramón, Chablis, Nicolás).
Solo aparecen las tres últimas.

▶ PRODUCTOR→ → BEBEDOR también es falso puesto que por un razonamiento análogo, en lugar de aparecer todas las posibles tuplas (estamos considerando igualdad de PRODUCTOR).

(Ramón, Chablis, Nicolás).
(Jesús, Chablis, Nicolás).
(Ramón, Montilla, Nicolás).
(Jesús, Montilla, Nicolás).
Solo aparecen las tres primeras..

▶ Obsérvese la diferencia entre las redundancias aparecidas en esta relación y las que aparecerían si hubiese dependencias multivaluadas. En esta relación se repite la información que relaciona a Ramón con Chablis y a Nicolás con Chablis, pero NO APARECEN TODAS LAS POSIBLES COMBINACIONES.

## 6.5.4 Dependencias de reuniones y 5FN

Observaciones al ejemplo de relación VINOS, en 4FN pero con redundancias.

▶ La característica de la dependencia que vamos a analizar a continuación es la imposibilidad de reconstruir la extensión de la relación de partida con una solución similar a la adecuada para dependencias multivaluadas.

▶ A pesar de que no haya dependencias multivaluadas, la semántica de la relación sugiere que hay algún tipo de dependencia entre los descriptores BEBEDOR y CALDO, BEBEDOR y PRODUCTOR o CALDO y PRODUCTOR, que origine la aparición de redundancia.

▼ Intentemos buscar, de las posibles descomposiciones de la relación VINOS cuál de ellas nos permite reconstruirla por reunión para intentar descubrir esta nueva dependencia.

▼ Podemos considerar las relaciones R1(**BEBEDOR**,CALDO), R2(**BEBEDOR**,PRODUCTOR) y R3(**CALDO**,PRODUCTOR) que serían las implicadas si VINOS no estuviese en 4FN por alguna de las siguientes dependencias multivaluadas:

- BEBEDOR$\rightarrow \rightarrow$ CALDO

- BEBEDOR$\rightarrow \rightarrow$ PRODUCTOR

- CALDO$\rightarrow \rightarrow$ PRODUCTOR

▼ Estudiemos las tres posibles reuniones para identificar la adecuada:

a) **reunión(R1,R2)**

| R1 | BEBEDOR | CALDO |
|---|---|---|
| | Ramón | Chablis |
| | Ramón | Montilla |
| | Jesús | Chablis |

| R2 | BEBEDOR | PRODUCTOR |
|---|---|---|
| | Ramón | Claudio |
| | Ramón | Nicolás |
| | Jesús | Nicolás |

| reunión(R1,R2) | BEBEDOR | CALDO | PRODUCTOR |
|---|---|---|---|
| | Ramón | Chablis | Claudio |
| | Ramón | Chablis | Nicolás |
| (*) | Ramón | Montilla | Claudio |
| | Ramón | Montilla | Nicolás |
| | Jesús | Chablis | Nicolás |

Donde la tupla (*) aparece puesto que Ramón bebe Montilla y Ramón realiza pedidos a Claudio. Esa tupla no pertenece a la relación de partida VINOS por lo que la descomposición R1, R2 no es la adecuada.

b) **reunión(R1,R3)**

| R1 | BEBEDOR | CALDO |
|---|---|---|
| | Ramón | Chablis |
| | Ramón | Montilla |
| | Jesús | Chablis |

| R3 | CALDO | PRODUCTOR |
|---|---|---|
| | Chablis | Claudio |
| | Chablis | Nicolás |
| | Montilla | Nicolás |

| reunión(R1,R3) | BEBEDOR | CALDO | PRODUCTOR |
|---|---|---|---|
| | Ramón | Chablis | Claudio |
| | Ramón | Chablis | Nicolás |
| | Ramón | Montilla | Nicolás |
| (*) | Jesús | Chablis | Claudio |
| | Jesús | Chablis | Nicolás |

Donde la tupla (*) aparece puesto que Jesús bebe Chablis y Chablis es producido por Claudio. Esa tupla no pertenece a la relación de partida VINOS por lo que la descomposición R1, R2 no es la adecuada.

c) **reunión(R2,R3)**

| R2 | BEBEDOR | PRODUCTOR |
|---|---|---|
| | Ramón | Claudio |
| | Ramón | Nicolás |
| | Jesús | Nicolás |

| R3 | CALDO | PRODUCTOR |
|---|---|---|
| | Chablis | Claudio |
| | Chablis | Nicolás |
| | Montilla | Nicolás |

| reunión(R2,R3) | BEBEDOR | CALDO | PRODUCTOR |
|---|---|---|---|
| | Ramón | Chablis | Claudio |
| | Ramón | Chablis | Nicolás |
| | Ramón | Montilla | Nicolás |
| | Jesús | Chablis | Nicolás |
| (*) | Jesús | Montilla | Nicolás |

Donde la tupla (*) aparece puesto que Jesús realiza pedidos a Nicolás y Nicolás produce Montilla. Esa tupla no pertenece a la relación de partida VINOS por lo que la descomposición R1, R2 no es la adecuada.

- La razón de la imposibilidad de descomponer vinos con la misma idea que sirvió en la 4FN, es que ahora, la semántica de la relación no indica que los dos descriptores (Y y Z) que en los ejemplos de 4FN presentaban dependencia funcional de X sean independientes.

- Si se intenta extraer la regla que hace que una tupla aparezca en la relación vinos, se verá que, en la descomposición R1,R3, por ejemplo, se verá que la tupla conflictiva (Jesús, Chablis, Claudio) no está en VINOS porque, aunque sea cierto que Jesús bebe Chablis ((Jesús,Chablis)∈ R1) y que Claudio produce Chablis ((Chablis,Claudio) ∈ R2) Jesús NO REALIZA PEDIDOS A Claudio ((Jesús,Claudio)∉R3).

- Es decir, en la reconstrucción de VINOS, para decidir si una tupla pertenece o no a la relación, hemos tenido que consultar R1, R2 y R3, luego las tres relaciones implicadas en las posibles descomposiciones de VINOS son necesarias para su reconstrucción. Obsérvese que hasta ahora, las descomposiciones habían implicado nada más la consideración de dos relaciones.

- La norma intuitivamente identificada en los párrafos anteriores puede expresarse formalmente de la siguiente manera:

$(b,c,p) \in R \Leftarrow (b,c) \in R1$ y $(b,p) \in R2$ y $(c,p) \in R3$

y será necesario las tres relaciones para reconstruir por reunión la relación de partida: R=reunión(R1,R2,R3)

▶ Traduzcamos esta regla a la semántica de la relación de partida VINOS, y comprobemos que, efectivamente, ésa era la semántica que expresaba la relación: "Todo bebedor que ha bebido un caldo, y que ha hecho un pedido a un productor que produce ese caldo, también ha pedido ese caldo a ese productor".

▶ Recordemos la relación del ejemplo de dependencia multivaluada ESTUDIANTE(**N.E., CURSO, DEPORTE**). La diferencia semántica más importante entre estas dos relaciones ESTUDIANTE y VINOS, es que en la primera los atributos CURSO y DEPORTE eran independientes y en la segunda, por ejemplo, PRODUCTOR y CALDO no lo son.

- Esto hacía que pudiésemos reconstruir ESTUDIANTE con (**N.E.**, CURSO) y (**N.E.**, DEPORTE) y que, al introducir una nueva información de un curso de un estudiante ((100,Matemáticas), (por ejemplo) tuviésemos que repetir una tupla por cada combinación con los demás atributos posible ((100,Matemáticas,Tenis) y (100,Matemáticas, Fútbol) en este ejemplo).

- Esto obliga a que no podamos reconstruir VINOS(**BEBEDOR,CALDO,PRODUCTOR**) sin alguna de las tres posibles (**BEBEDOR**,CALDO) (**CALDO**,PRODUCTOR) (**BEBEDOR**,PRODUCTOR).

## 6.5.5 Definición de dependencia de reunión

Sea R(A1,A2,...,An) un esquema de relación y X1,X2,...Xm unos subconjuntos de {A1,A2,...,An}

Se dice que existe una dependencia de reunión (y se escribe *{X1,X2,... ,Xm} si R es la reunión de sus proyecciones sobre X1, X2,  , Xm, es decir, si

R= reunión (proyección(R,X1), proyección(R,X2), ,proyección(R,Xm))

## 6.5.6 Ejemplo de dependencia de reunión

En el ejemplo de la relación VINOS, lo que se ha analizado que ocurre puede expresarse mediante el concepto de dependencia de reunión de la siguiente manera:

VINOS(**BEBEDOR,CALDO,PRODUCTOR**), y

*{(BEBEDOR,CALDO),(BEBEDOR,PRODUCTOR),(CALDO,PRODUCTOR)}

## 6.5.7 Dependencias multivaluadas y dependencias de reunión

Las dependencias multivaluadas son un caso particular de dependencias de reunión, pues, como se ha visto en los ejemplos en el apartado de 4FN, toda relación R(X,Y,Z) que verifique X→ → Y satisface la dependencia de reunión *{XY,ZX}.

## 6.5.8 Definición de 5FN

Una relación R está en 5FN si y solo si toda dependencia de reunión viene implicada por las claves candidatas de R.

## 6.5.9 Ejemplos y observaciones

▶ El estudio de la 5FN implica conocer qué dependencias de reunión están implicadas por un conjunto de claves candidatas.

▶ Hay algoritmos que realizan este estudio por lo que el problema de la determinación de si un esquema de relación está o no en 5FN se reduce a la ejecución de un algoritmo.

▶ Consideremos un ejemplo. Si se tiene la relación R(A1,A2,A3,A4) en la que las claves candidatas son A1 y A2, son posibles, entre otras, las siguientes descomposiciones sin pérdida de información :

- *{(A1,A2),(A1,A3),(A1,A4)}

- *{(A1,A2),(A2,A3),(A2,A4)}.

▶ Para un procedimiento de normalización más preciso se necesita describir cómo la definición de las claves implica el conocimiento de las dependencias de reunión. Esto queda fuera de los objetivos de nuestro curso.

### 6.5.9.1 DESCOMPOSICIÓN EN 5FN DE LA RELACIÓN VINOS

Como se ha visto VINOS(**BEBEDOR,CALDO,PRODUCTOR**) con

*{(BEBEDOR,CALDO),(BEBEDOR,PRODUCTOR),(CALDO,PRODUC TOR)} no está en 5FN

pero la siguiente descomposición:

- ☞ R1(**BEBEDOR,CALDO**),
- ☞ R2(**BEBEDOR,PRODUCTOR**),
- ☞ R3(**CALDO,PRODUCTOR**).
- ☞ Sí está en 5FN.

## 6.6 BIBLIOGRAFÍA

[GAR90] G. GARDARIN. *Bases de datos*. Segunda edición. Paraninfo 1990

ADORACIÓN DE MIGUEL Y MARIO PIATTINI. *Concepción y diseño de bases de datos*. Ed. Ra-Ma. 1993.

C. J. DATE. *Introducción a los sistemas de bases de datos*. Vol. 1 Quinta edición. Addison-Wesley Iberoamericana, 1993.

# 7

## DINÁMICA DEL MODELO RELACIONAL

### 7.1 INTRODUCCIÓN

Como en todo modelo de datos, en el modelo relacional puede distinguirse una componente estática y una componente dinámica. Una vez estudiada la componente estática del modelo, vamos a estudiar la componente dinámica que nos permitirá la transformación entre estados de la base de datos. Esta transformación de un estado inicial a un estado objetivo se lleva a cabo aplicando un conjunto de operadores sobre las relaciones.

De modo que, si $O$ es un operador, la transformación de un estado origen $(BD_i)$ a un estado objetivo $(BD_j)$ puede expresarse:

$$O\,(BD_i) = (BD_j)$$

Tanto el estado origen como el estado objetivo deben satisfacer las restricciones de integridad estática y la transformación ha de cumplir las restricciones de integridad dinámica entre estados.

La dinámica del modelo relacional actúa sobre conjuntos de tuplas y se expresa mediante lenguajes de manipulación relacionales que asocian una sintaxis concreta a cada operación. Los lenguajes relacionales, por tanto, operan sobre conjuntos de tuplas siendo lenguajes de especificación y no de navegación y se dividen en dos tipos:

▶ Lenguajes algebraicos: los cambios de estado se especifican mediante operaciones cuyos operandos son relaciones y cuyo resultado es otra relación. Genéricamente se conocen como Algebra Relacional.

⊩ Lenguajes predicativos: los cambios de estado se especifican mediante predicados que definen el estado objetivo sin indicar las operaciones que hay que llevar a cabo para alcanzarlo. Se conocen genéricamente como Cálculo Relacional y se dividen, a su vez en:

- Orientados a tuplas.
- Orientados a dominios.

## 7.2 ÁLGEBRA RELACIONAL

*Def.*: es un sistema cerrado de operaciones definidas sobre relaciones. Es decir, tanto los operandos como los resultados son relaciones. Esto permite construir expresiones combinando unas expresiones con otras, de manera que los resultados de unas sean operando de otras.

Sean $R$ y $R'$ dos relaciones y $O$ un operador cualquiera del álgebra relacional. Una operación del álgebra relacional consiste en aplicar $O$ a una extensión $r$ de $R$ obteniéndose $r(R')$.

Al ser una relación el resultado de la operación, se cumple la propiedad de cierre: si $O_1...O_n$ representan operadores, se cumple:

$$O_n (... (O_1 (r(R)))) = r (R')$$

En el trabajo donde proponía el modelo relacional de datos, Codd [COD70] definió ocho operadores para el álgebra relacional, divididos en dos grupos:

### 7.2.1 Operaciones tradicionales de conjuntos

⊩ Unión.
⊩ Intersección.
⊩ Diferencia.
⊩ Producto Cartesiano Ampliado.

### 7.2.2 Operaciones relacionales especiales

⊩ Restricción Theta.
⊩ Proyección.
⊩ Reunión.
⊩ División.

Pueden hacerse otras clasificaciones de los operadores del álgebra relacional.

Por ejemplo, atendiendo a si son primitivos, o pueden expresarse a partir de estos:

## 7.2.3 Operadores primitivos

Los cinco operadores básicos para poder definir el Álgebra Relacional con carácter relacionalmente completo (demostración en [COD72]), es decir, cualquier acceso a la base de datos relacional puede realizarse en términos de estos operadores, son:

- Unión.
- Diferencia.
- Producto cartesiano.
- Proyección.
- Restricción.

## 7.2.4 Operadores derivados

Pueden obtenerse aplicando varios operadores primitivos. No aportan potencia al álgebra, pero simplifican muchas operaciones habituales.

- Reunión.
- Intersección.
- División.

Otra posible clasificación divide los operadores atendiendo al número de operandos de cada operador:

- Unarios: si el operador tiene una única relación como operando.
- Binarios: si el operador tiene dos relaciones como operandos.

Además de los ocho operadores originales y del operador de renombrado, se han definido otros con el fin de mejorar el poder expresivo del álgebra. Estos operadores no pueden considerarse derivados puesto que no pueden expresarse en función de los operadores primitivos y serán estudiados más adelante.

## 7.3 OPERACIONES DE ASIGNACIÓN Y DE RENOMBRADO DE ATRIBUTOS

Como vimos en el tema anterior, una relación se compone de una intensión (la parte definitoria e invariable de la misma, su *cabecera*) y una extensión (el conjunto de filas que satisfacen la definición en un momento determinado).

Podemos clasificar las relaciones en *nombradas*, aquellas que forman parte del esquema de la base de datos relacional, y *no nombradas*, las resultantes de la evaluación de una expresión del álgebra relacional. Pueden ser relaciones intermedias, anidadas en una expresión más grande, y necesitaremos una forma de referirnos a los atributos de la relación resultante de la expresión interior desde la expresión exterior [WAR90]. La propiedad de *cierre* del álgebra relacional exige que la relación resultante de la evaluación de una expresión (una relación) tenga una intensión y una extensión. Es necesario por tanto que la relación resultante de una expresión algebraica tenga su propia intensión ya que puede estar anidada en otra expresión más grande y será necesaria una forma de referirse a esa relación y a sus atributos de esa relación interior desde la relación exterior. Nuevamente, ver "*The naming of columns*" en [WAR90].

Dos soluciones propuestas:

▶ Calificar el nombre de los atributos con el nombre de la relación en caso de ambigüedad.

▶ Proporcionar un nombre único, tanto a los atributos de una relación resultante de una expresión algebraica como a las relaciones resultantes.

Las relaciones *r* resultados de las expresiones de álgebra relacional no tienen nombre. Aunque se consideran expresiones (triviales) del álgebra relacional, en ocasiones puede resultar útil poder ponerles nombre, ya sea para poder referirnos a ellas cuando están anidadas en una expresión más grande o para poder almacenar el resultado en otra relación empleando el operador de asignación relacional, que veremos más adelante. Definiremos el operador *renombrar* ρ (ro) para poder realizar esta operación:

$$\rho_X O(r(R))$$

Devuelve el resultado de $O(r(R))$ con el nombre $X$.

También se puede aplicar el operador *renombrar* a una relación $r(R)$ para obtener la misma relación con un nombre nuevo.

Otra forma de la operación de renombramiento consiste en utilizar el operador *renombrar* para asignar nombre tanto a la relación resultante como a sus atributos: sea una expresión $O$ del álgebra relacional cuyo resultado es una relación de grado $n$. La expresión:

$$\rho_{X(A_1, A_2, ..., A_n)} O(r(R))$$

Devuelve una relación con esquema $X(A_1, A_2, ..., A_n)$. Los dominios sobre los que se definen los atributos de la relación resultante serán los mismos sobre los que se definen los atributos de los operandos.

La operación de asignación relacional se utiliza para almacenar el resultado de una expresión en una nueva relación o para almacenar resultados intermedios cuando se desea descomponer una única operación compleja en una secuencia de operaciones más simples.

También puede emplearse para asignar un nuevo nombre a una relación existente o para cambiar el nombre de sus atributos.

Suele representarse por una flecha que apunta a la relación a la que se asigna el resultado de la expresión:

Nueva_Relación $\leftarrow O(R)$

Donde $O(R)$ es una expresión algebraica.

La operación de renombrado consiste en asignar nuevos nombres a los atributos de una relación (que puede ser el resultado de una expresión algebraica).

La aplicación del operador de renombrado es una operación necesaria en aquellas operaciones cuyos operadores exigen compatibilidad de esquemas, como veremos más adelante.

La forma de llevar a cabo el renombrado de los atributos es realizando una operación de asignación en la cual se especifican los nombres de los atributos de la relación que se encuentra a la izquierda del símbolo de asignación.

Nueva_Relación $(A_1, A_2, ..., A_n) \leftarrow O(R)$

Además de esta forma de renombrado, puede también definirse un operador para renombrado de atributos (RENAME) que permite cambiar el nombre de un atributo sin crear una nueva relación [WAR90].

En [SIL98] se propone:

▶ Operador *asignación relacional*. Solo asignación a variables de relación temporales, o a relaciones permanentes, para modificar la base de datos.

▶ Operador *renombrar*. Para cambiar el nombre a una relación existente, para asignar un nombre al resultado de una expresión algebraica, y/o para cambiar/asignar el nombre de una relación y de sus atributos. Se cuestiona la necesidad de un operador *renombrar* proponiendo el uso de notación posicional, tanto para relaciones como para atributos. Ver [SIL98] pp. 56-58.

En [DEM97] se describe el uso del operador *asignación relacional* tanto para almacenar en relaciones (temporales o no) el resultado de una expresión algebraica, como para renombrar atributos, creando una nueva relación con nombre de relación y de atributos distintos. Se menciona el operador *renombrar* y se hace referencia al artículo de Warden.

En [DAT93] se plantea el problema de los nombres de las columnas y la propiedad de *cierre* del álgebra relacional, no lo resuelve y recomienda leerse el artículo de Warden.

# 7.4 OPERADORES PRIMITIVOS

## 7.4.1 Unarios

Los operadores unarios tienen una única relación como operando. Utilizaremos la siguiente notación para su definición:

Sea $R(A)$ un esquema de relación cuyo contexto es el conjunto de atributos A definidos sobre el conjunto de dominios D:

$$R(A) = R(A_1 : D_1, A_2 : D_2, ..., A_n : D_n)$$

Cuando la eliminación de los nombres de los dominios sobre los que se definen los atributos no afecte a la comprensión ni dé lugar a imprecisiones prescindiremos de ellos, a fin de simplificar las expresiones.

La relación $r(R)$, definida sobre el esquema $R$, de grado $n$ y cardinalidad $m$ estará constituida por el conjunto de $m$ tuplas:

$$r(R) = \{t_i\}_{i=1}^{m}$$

Donde:

$$t_i = <v_{i1}, v_{i2}, \ldots, v_{ij} > | v_{ij} \in D_j$$

Aunque en la definición de los operadores utilicemos habitualmente los esquemas de relación, estos se aplican a extensiones *r* de esos esquemas: *r(R)*.

Los dos operadores unarios son la *restricción* y la *proyección*.

## 7.4.2 Restricción ($\sigma$)

La *restricción* de una relación mediante una expresión lógica (predicado de selección) da como resultado una relación formada por el subconjunto de tuplas que satisface dicha expresión. La relación resultante constituye un subconjunto horizontal de la relación *r(R)*.

Formalmente: ampliaremos la notación propuesta para la definición de los operadores unarios: sea $\theta$ un operador de comparación ($<, >, =, \neq$, etc.)[1] y *F* un predicado de selección formado por una expresión lógica integrada por cláusulas de la forma:

$$A_i \; \theta \; A_j \; o \; A_i \; \theta \; cte.$$

Unidas por operadores booleanos ($\wedge, \vee, \neg$) "Y" (AND), "O" (OR), "NO" (NOT)

El operador de restricción aplicado a la extensión *r(R)* con el predicado *F* se denota:

$$\sigma_F(R)$$

Y produce una relación cuyo esquema será el mismo y cuya extensión *r'(R)* estará formada por las tuplas:

$$r'(R) = \{ t_i \in r(R) \mid F(t_i) = "cierto" \}$$

El grado de la relación resultante será el mismo que el de la relación *R* y su cardinalidad $m' \leq m$.

---

1   En la versión 2 del Modelo Relacional, Codd añade a estos cuatro operadores más: "*el mayor*", "*el menor*", "*el mayor o igual*" y "*el menor o igual*". Ver [COD90]

**Ejemplo**

| | $R1$ | |
|:-:|:-:|:-:|
| **A** | **B** | **C** |
| a | b | c |
| d | a | f |
| c | b | d |

| | $S1$ | |
|:-:|:-:|:-:|
| **D** | **E** | **F** |
| b | g | a |
| d | a | f |

| | $\sigma_{(B=b)} R1$ | |
|:-:|:-:|:-:|
| **A** | **B** | **C** |
| a | b | c |
| c | b | d |

## 7.4.3 Proyección ($\pi$)

La aplicación del operador de proyección sobre un subconjunto de los atributos de una relación es otra relación definida sobre esos atributos, eliminando las filas repetidas. El resultado es un subconjunto vertical de la relación a la que se aplica el operador.

Formalmente: sea $X$ un subconjunto estricto y no vacío[2] de $A$:

$$X \subset A \text{ y } X \neq \phi$$

La aplicación del operador de proyección $\pi$ a $R$ en el contexto de $X$, que se denota por:

$$\pi_X(R)$$

Será una relación $r'$ cuyo esquema es $R'(X)$ y cuya extensión es el conjunto de tuplas de la relación original definidas sobre los atributos $X$, eliminando las duplicadas:

$$r'(R') = \{t_i(X) \mid X \subset A\}$$

El grado $n'$ y la cardinalidad $m'$ de la relación resultante cumplen:

$$n' < n \text{ y } m' \leq m$$

Donde $n$ y $m$ son, respectivamente, el grado y la cardinalidad de la relación original.

**Ejemplo**

$$\pi_{A,C}(R1)$$

| **A** | **C** |
|:-:|:-:|
| a | c |
| d | f |
| c | d |

---

2   ¿Tiene que ser estricto y no vacío? Algunos autores no imponen esta restricción. Véase [DAT93] y [COD72].

## 7.4.4 Binarios

Los operadores binarios son aquellos que tienen dos operandos, y algunos de estos operadores (la unión, la diferencia y la intersección) exigen la compatibilidad de los esquemas de relación de los operandos sobre los que se aplica.

### Compatibilidad de relaciones respecto a la unión

Diremos que dos relaciones son compatibles respecto a la unión si sus cabeceras son idénticas, lo cual significa que:

a) Las dos tienen el mismo conjunto de nombres de atributos y, consecuentemente, el mismo grado.

b) Los atributos con el mismo nombre en las dos relaciones están definidos sobre el mismo dominio.

### Formalmente

$$\forall A_{1i} \, \exists A_{1j} \mid dom\left(A_{1i}\right) = dom\left(A_{1j}\right) \wedge \forall A_{1j} \, \exists A_{1i} \mid dom\left(A_{1j}\right) = dom\left(A_{1i}\right)$$

## 7.4.5 Unión ($\cup$)

La unión de dos relaciones $r$ y $r'$ compatibles en su esquema es otra relación definida sobre el mismo esquema de relación, cuya extensión estará constituida por las tuplas que pertenezcan a $r$ o a $r'$ o a ambas. Al tratarse de una relación, no habrá filas repetidas.

### Formalmente

Sean dos relaciones $r_1$ y $r_2$ con esquemas $R_1$ y $R_2$ compatibles. La unión de ambas relaciones, que denotaremos como $R_1 \cup R_2$ será una relación con esquema $R$ ($R$ será igual a $R_1$ y a $R_2$ ya que ambos son compatibles) y cuya extensión estará formada por las tuplas:

$$r(R) = \{t_i \mid t_i \in r_1 \vee t_i \in r_2\}$$

**Ejemplo**[3]

$$S1\ (A, B, C) \leftarrow S1\ (D, E, F)$$

$$R1 \cup S1$$

| A | B | C |
|---|---|---|
| a | b | c |
| d | a | f |
| c | b | d |
| b | g | a |

**Propiedades**

▸ Asociativa: $R \cup (S \cup T) = (R \cup S) \cup T$

▸ Conmutativa: $R \cup S = S \cup R$

## 7.4.6 Diferencia (–)

La diferencia de dos relaciones $r_1$ y $r_2$ compatibles en su esquema es otra relación definida sobre el mismo esquema de relación, cuya extensión estará constituida por el conjunto de tuplas que pertenecen a $r_1$ pero no a $r_2$.

**Formalmente**

Sean dos relaciones $r_1$ y $r_2$ con esquemas $R_1$ y $R_2$ compatibles. La diferencia de las relaciones $R_1$ y $R_2$, que denotaremos como $R_1 - R_2$ será una relación con esquema $R$ ($R$ será igual a $R_1$ y a $R_2$ ya que ambos son compatibles) y cuya extensión estará formada por las tuplas:

$$r(R) = \{ t_i \mid t_i \in r_1 \wedge t_i \notin r_2 \}$$

**Ejemplo**

$$S1\ (A, B, C) \leftarrow S1\ (D, E, F)$$

$$R1 - S1$$

| A | B | C |
|---|---|---|
| a | b | c |
| c | b | d |

---

3   Utilizaremos el operador *asignación relacional* para renombrar los atributos de una relación.

## Propiedades

▸ La diferencia no es conmutativa ni asociativa.

## 7.4.7 Producto cartesiano (×)

Condiciones de compatibilidad: dos relaciones son compatibles respecto al producto si sus cabeceras son disjuntas.

El producto cartesiano de dos relaciones de cardinalidades $m$ y $m'$ es una relación cuyo esquema está definido sobre la unión de los atributos de ambas relaciones y cuya extensión está constituida por las $m \times m'$ tuplas formadas concatenando cada tupla de la primera relación con cada una de las tuplas de la segunda.

## Formalmente

Sean dos relaciones $r_1$ y $r_2$ con esquemas $R_1$ y $R_2$ compatibles respecto al producto. El producto cartesiano de ambas, denotado $R_1 \times R_2$ de grado $n_1 + n_2$ cuyo esquema $R$ estará formado por los $n_1 + n_2$ atributos $A_1 \cup A_2$ y cuya extensión estará formada por las tuplas:

$$\{< v1_{i_1}, \ldots, v1_{in_1}, v2_{j_1}, \ldots, v2_{jn_2} > | \forall i\, \forall j \left(< v1_{i_1}, \ldots, v1_{in_1} > \in r_1 \wedge < v2_{j_1}, \ldots, v2_{jn_2} > \in r_2\right)\}$$

## Ejemplo

$$R1 \times S1$$

| A | B | C | D | E | F |
|---|---|---|---|---|---|
| a | b | c | b | g | a |
| a | b | c | d | a | f |
| d | a | f | b | g | a |
| d | a | f | d | a | f |
| c | b | d | b | g | a |
| c | b | d | d | a | f |

## Propiedades

▸ Asociativa: $R \times (S \times T) = (R \times S) \times T$

▸ Conmutativa: $R \times S = S \times R$

## 7.5 PROPIEDADES DE LOS OPERADORES PRIMITIVOS

1. Cascada de proyecciones:

$$Si \ \{A_1, \ldots, A_n\} \subset \{B_1, \ldots, B_m\}$$

Entonces:

$$\pi_{A_1 \ldots A_n}\left(\pi_{B_1 \ldots B_m}(R)\right) = \pi_{A_1 \ldots A_n}(R)$$

2. Cascada de restricciones:

La aplicación sucesiva del operador de restricción a una relación:

$$\sigma_{F_n}\left(\sigma_{F_{n-1}} \ldots \left(\sigma_{F_1}(R)\right)\right)$$

Es igual a una única operación de restricción cuyo predicado serán todos los predicados $p_1, p_2, \ldots$, pn en conjunción:

$$\sigma_{F_1 \wedge F_2 \ldots \wedge F_n}(R)$$

Como $F_1 \wedge F_2 = F_2 \wedge F_1$, se deduce que las restricciones pueden conmutarse:

$$\sigma_{F_1}\left(\sigma_{F_2}(R)\right) = \sigma_{F_2}\left(\sigma_{F_1}(R)\right)$$

3. Conmutación de restricción y proyección:

Si F involucra solo a los atributos $A_1, \ldots, A_n$, entonces:

$$\pi_{A_1, \ldots, A_n}\left(\sigma_F(R)\right) = \sigma_F\left(\pi_{A_1, \ldots, A_n}(R)\right)$$

De un modo más general, si la condición F también involucra a los atributos $B_1, \ldots, B_m$ que no están entre los $A_1, \ldots, A_n$, entonces:

$$\pi_{A_1, \ldots, A_n}\left(\sigma_F(R)\right) = \pi_{A_1, \ldots, A_n}\left(\sigma_F\left(\pi_{A_1, \ldots, A_n, B_1, \ldots, B_m}(R)\right)\right)$$

4. Conmutación de restricción y producto cartesiano:

Si todos los atributos que aparecen en $F$ son atributos de $R_1$:

$$\sigma_F\left(R_1 \times R_2\right) = \sigma_F\left(R_1\right) \times R_2$$

Si $F$ es de la forma $F_1 \wedge F_2$, donde $F_1$ involucra a atributos de $R_1$ y $F_2$ involucra solo a atributos de $R_2$, resulta:

$$\sigma_F\left(R_1 \times R_2\right) = \sigma_{F_1}\left(R_1\right) \times \sigma_{F_2}\left(R_2\right)$$

Si $F$ es de la forma $F_1 \wedge F_2$, donde F1 involucra a atributos de $R_1$ y $F_2$ involucra a atributos de $R_1$ y $R_2$, resulta:

$$\sigma_F\left(R_1 \times R_2\right) = \sigma_{F_2}\left(\sigma_{F_1}\left(R_1\right) \times R_2\right)$$

5. Conmutación de restricción y unión:

$$\sigma_F\left(R_1 \cup R_2\right) = \sigma_F\left(R_1\right) \cup \sigma_F\left(R_2\right)$$

6. Conmutación de restricción y diferencia:

$$\sigma_F\left(R_1 - R_2\right) = \sigma_F\left(R_1\right) - \sigma_F\left(R_2\right)$$

7. Conmutación de proyección y producto cartesiano:

Sea $\{A_1, ..., A_n\}$ un conjunto de atributos de los que los $k$ primeros son de $R_1$ y los restantes de $R_2$, entonces:

$$\pi_{A_1,...,A_n}\left(R_1 \times R_2\right) = \pi_{A_1,...,A_k}\left(R_1\right) \times \pi_{A_{k+1},...,A_n}\left(R_2\right)$$

8. Conmutatividad de proyección y unión:

$$\pi_{A_1,...,A_n}\left(R_1 \cup R_2\right) = \pi_{A_1,...,A_n}\left(R_1\right) \cup \pi_{A_1,...,A_n}\left(R_2\right)$$

## 7.6 OPERADORES DERIVADOS

Como apuntamos en la introducción, los operadores derivados son aquellos que pueden obtenerse aplicando varios operadores primitivos. No aportan potencia al álgebra, pero simplifican muchas operaciones habituales. Para la definición de cada operador se aporta una expresión equivalente utilizando únicamente operadores primitivos.

Para los ejemplos utilizaremos las siguientes relaciones:

R3

| A | B | C |
|---|---|---|
| 1 | 2 | 3 |
| 4 | 5 | 6 |
| 7 | 8 | 9 |

S3

| D | E |
|---|---|
| 3 | 1 |
| 6 | 2 |

## 7.6.1 Reunión theta ($\theta$)

La reunión *theta* $\theta$ de dos relaciones respecto de sus columnas $k$ y $l$ es otra relación constituida por los pares de tuplas $t_i$ y $t_j$ concatenadas tales que, en cada par, las columnas $k$ y $l$ de las correspondientes tuplas satisfacen la condición $\theta$ especificada.

Si la reunión es por igualdad, y se elimina en la relación resultante uno de los atributos idénticos se obtiene una reunión natural.

$$R3\; \theta_{(B < D)}\; S3$$

| A | B | C | D | E |
|---|---|---|---|---|
| 1 | 2 | 3 | 3 | 1 |
| 1 | 2 | 3 | 6 | 2 |
| 4 | 5 | 6 | 6 | 2 |

La reunión *theta* puede expresarse en función de los operadores primitivos de la siguiente forma:

$$R3\,\theta_{B<D}\; S3 = \sigma_{B<D}\,(R3 \times S3)$$

## 7.6.2 Reunión natural

Sean:

A $(X1, X2, \dots, Xm, Y1, Y2, \dots, Yn)$   y   B $(Y1, Y2, \dots, Yn, Z1, Z2, \dots, Zp)$

Suponemos que los atributos con el mismo nombre están definidos sobre el mismo dominio. Si consideramos $(X1, X2, \dots, Xm)$, $(Y1, Y2, \dots, Yn)$ y $(Z1, Z2, \dots, Zp)$ como los atributos compuestos $X$, $Y$ y $Z$. La reunión natural de $A$ y $B$ es una relación con la cabecera $(X, Y, Z)$ y cuerpo formado por el conjunto de todas las tuplas $(X{:}x, Y{:}y, Z{:}z)$ tales que una tupla $a$ aparezca en $A$ con el valor $x$ en $X$ y el valor $y$ en $Y$, y una tupla $b$ aparezca en $B$ con el valor $y$ en $Y$ y el valor $z$ en $Z$.

## 7.6.3 Intersección ($\cap$)

La intersección de dos relaciones compatibles en su esquema es otra relación definida sobre el mismo esquema de relación, cuya extensión estará formada por las tuplas que pertenezcan a ambas relaciones.

**Formalmente**

Sean dos relaciones $r_1$ y $r_2$ con esquemas $R_1$ y $R_2$ compatibles. La intersección de ambas relaciones, que denotaremos como $R_1 \cap R_2$ será una relación con esquema $R$ ($R$ será igual a $R_1$ y a $R_2$ ya que ambos son compatibles) y cuya extensión estará formada por las tuplas:

$$r(R) = \{ t_i \,|\, t_i \in r_1 \wedge t_i \in r_2 \}$$

La intersección puede definirse en función de la diferencia:

$$R_1 \cap R_2 = R_1 - (R_1 - R_2)$$

O, también:

$$R_1 \cap R_2 = R_2 - (R_2 - R_1)$$

**Ejemplo**

$$S1\,(A, B, C) \leftarrow S1\,(D, E, F)$$

$$R1 \cap S1$$

| A | B | C |
|---|---|---|
| d | a | f |

## 7.6.4 División ( : )

La división de dos relaciones es otra relación cuya extensión estará constituida por las tuplas que al complementarse con las tuplas de la segunda relación todas las tuplas obtenidas forman parte de la primera relación.

La división de una relación $R_1$ (dividendo) por otra relación $R_2$ (divisor) es una relación $R$ (cociente) tal que, al realizarse su combinación con el divisor, *todas* las tuplas resultantes se encuentran en el dividendo.

Sean:

$$A\,(X1, X2, \dots, Xm, Y1, Y2, \dots, Yn) \quad \text{y} \quad B\,(Y1, Y2, \dots, Yn)$$

Si consideramos $(X1, X2, \dots, Xm)$ y $(Y1, Y2, \dots, Yn)$ como dos atributos compuestos $X$ e $Y$, $A{:}B$ es una relación con la cabecera $(X)$ y cuerpo formado por todas las tuplas $(X{:}x)$ tales que aparece la tupla $(X{:}x, Y{:}y)$ en $A$ para todas las tuplas

($Y$:$y$) presentes en $B$. En otras palabras, el resultado contiene todos los valores de $X$ en $A$ cuyos valores de $Y$ correspondientes en $A$ incluyen a todos los valores de $Y$ en $B$.

### Formalmente

Sean dos relaciones $r_1$ y $r_2$ con esquemas $R_1$ ($A1$) y $R_2$ ($A_2$) de grados $n1$ y $n_2$, respectivamente, en las que se verifica que $A_2 \subset A_1$ y, en consecuencia, $n_2 < n_1$. La división de ambas relaciones, denotada por $R_1 : R_2$ será una relación $r$ de grado $n1 - n_2$, cuyo esquema $R$ estará formado por los $n_1 - n_2$ atributos $A_1 - A_2$:

$$(A1_1, A1_2, \ldots , A1_{n1}) - (A2_1, A2_2, \ldots , A2_{n2})$$

y cuya extensión estará formada por las tuplas:

$$r(R) = \{< v_{i1}, \ldots, v_{i(n_1 - n_2)} > | \forall < v_{i(n_1 - n_2 + 1)}, \ldots, v_{in_2}$$

$$> \in r_2 \; \exists < v_{i1}, \ldots, v_{i(n_1 - n_2)} \; v_{i(n_1 - n_2 + 1)}, \ldots, v_{in_2} > \in r_1 \}$$

La división puede expresarse en función de la proyección, el producto cartesiano y la diferencia, de la siguiente forma:

Sea D = $(A1_1, A1_2, \ldots, A1_{n1}) - (A2_1, A2_2, \ldots, A2_{n2})$

$$R_1 : R_2 = \pi_D(R_1) - \pi_D(R_2 \times \pi_D(R_1) - R_1)$$

### Ejemplo

|   | R2 | | | | S2 | | | R2/S2 | |
|---|---|---|---|---|---|---|---|---|---|
| **A** | **B** | **C** | **D** | | **C** | **D** | | **A** | **B** |
| a | b | c | d | | c | d | | a | b |
| a | b | e | f | | e | f | | e | d |
| b | c | e | f | | | | | | |
| e | d | c | d | | | | | | |
| e | d | e | f | | | | | | |
| a | b | d | e | | | | | | |

## Propiedades de la Reunión Theta y del Producto Cartesiano

1. Propiedad conmutativa:

Sea F una expresión sobre los atributos de $R_1$ y $R_2$:

$$R_1\ \theta_F\ R_2 = R_2\ \theta_F\ R_1$$
$$R_1\ \theta\ R_2 = R_2\ \theta\ R_1$$
$$R_1 \times R_2 = R_2 \times R_1$$

2. Propiedad asociativa:

$$(R_1\ \theta_{F1}\ R_2)\ \theta_{F2}\ R_3 = R_1\ \theta_{F1}\ (R_2\ \theta_{F2}\ R_3)$$
$$(R_1\ \theta\ R_2)\ \theta\ R_3 = R_1\ \theta\ (R_2\ \theta\ R_3)$$
$$(R_1 \times R_2) \times R_3 = R_1 \times (R_2 \times R_3)$$

# 7.7 RESUMEN DE OPERADORES

σ                                    Π                              PRODUCTO

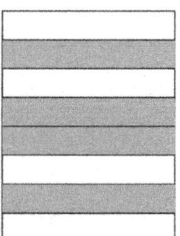

| a | x | a | x |
|---|---|---|---|
| b | y | a | y |
| c |   | b | x |
|   |   | b | y |
|   |   | c | x |
|   |   | c | y |

**Reunión natural**                                          **División**

|   | R |   |   | S |   |   | R*S |   |
|---|---|---|---|---|---|---|---|---|
| **A** | **B** | | **B** | **C** | | **A** | **B** | **C** |
| a1 | b1 | | b1 | c1 | | a1 | b1 | c1 |
| a2 | b1 | | b2 | c2 | | a2 | b1 | c1 |
| a3 | b2 | | b3 | c3 | | a3 | b2 | c2 |

|   | R |   | S | R/S |
|---|---|---|---|---|
| **A** | **B** | **B** | **A** |
| a | x | x | a |
| a | y | z |   |
| a | z |   |   |
| b | x |   |   |
| c | y |   |   |

## 7.8 REFERENCIAS Y BIBLIOGRAFÍA

[COD70] E. F. Codd. *A Relational Model of Data for Large Shared Data Banks*, en CACM; 13:6 [COD72] E. F. Codd. *"Relational completeness of Data Base Sublanguages"*. En Data Base.

Systems, Courant Computer Science Symposia Series 6. Englewood Cliffs, N. J. Prentice-Hall, 1972.

[COD90] E. F. Codd. *The Relational Model for Database Management: Version 2*, Reading,

Massachusetts. Addison-Wesley. 1990.

[DAT93] C.J. DATE. *Introducción a los Sistemas de Bases de Datos. Vol 1. Quinta Edición*.

Addison-Wesley Iberoamericana.

[DEM97] ADORACIÓN DE MIGUEL Y MARIO PIATTINI. *Fundamentos y modelos de Bases de Datos*.

Ra-Ma, 1997.

[DEM99] ADORACIÓN DE MIGUEL Y MARIO PIATTINI. *Diseño de Bases de Datos Relacionales*.

Ra-Ma. 1999.

[RIV92] ENRIQUE RIVERO CORNELIO. *Bases de datos relacionales*. Segunda edición. Paraninfo.

1992.

[SIL98] ABRAHAM SILBERSCHATZ, HENRY F. KORTH, S. SUDARSHAN. *Fundamentos de Bases de*

*Datos*, Tercera Edición. McGraw Hill, 1998.

[WAR90] ANDREW WARDEN. *"Adventures in Relationland"*. C.J. Date, Relational Database Writings 1985 – 1989. Reading Massachusetts. Addison-Wesley, 1990.

# 8

## TABLAS UTILIZADAS EN LOS EJEMPLOS

## 8.1 TABLAS UTILIZADAS EN LOS EJEMPLOS

▼ DEPT (DEPTNO, DNAME, LOC)

Cada fila representa un departamento, con su número de departamento, su nombre y la ciudad donde está localizado.

▼ EMP (ENO, ENAME, JOB, MGR, HIREDATE, SAL, COMM, DEPTNO)

Cada fila representa un empleado. Sus columnas son: número de empleado, nombre del empleado, empleo, número del empleado que es su supervisor, fecha de ingreso, salario semanal, comisión y número de departamento al que está asignado.

▼ SALGRADE (GRADE, LOSAL, HISAL)

Cada fila representa un tramo de salarios, con el salario mínimo y el máximo, para ese tramo.

### 8.1.1 Sentencias de creación de las tablas

```
— —————— — —
— CREAR LA TABLA DEPT —
— —————— — —
CREATE TABLE DEPT (
DEPTNO      INT         NOT NULL PRIMARY KEY,
DNAME       CHAR (10)   NOT NULL,
LOC         CHAR (8)    NOT NULL
```

```
)
─ ─────── ─
─ CREAR LA TABLA EMP ─
─ ─────── ─
CREATE TABLE EMP (
ENO         INT        NOT NULL PRIMARY KEY,
ENAME       CHAR (6)   NOT NULL UNIQUE,
JOB         CHAR (9)   NOT NULL,
MGR         INT        NULL,
HIREDATE    DATETIME   NOT NULL,
SAL         INT        NOT NULL,
COMM        INT        NULL,
DEPTNO      INT        NOT NULL REFERENCES DEPT
)
ALTER TABLE EMP
ADD CONSTRAINT MANAGER FOREIGN KEY (MGR) REFERENCES EMP
─ ──────── ─ ─
─ CREAR LA TABLA SALGRADE ─
─ ──────── ─ ─
CREATE TABLE SALGRADE (
GRADE       INT        NOT NULL PRIMARY KEY,
LOSAL       INT        NOT NULL,
HISAL       INT        NOT NULL
)
```

## 8.1.2 Contenido de las tablas

### EMP

| ENO | ENAME | JOB | MGR | HIREDATE | SAL | COMM | DEPTNO |
|---|---|---|---|---|---|---|---|
| 7369 | SMITH | CLERK | 7902 | 17/12/80 | 800 | NULL | 20 |
| 7499 | ALLEN | SALESMAN | 7698 | 20/02/81 | 1600 | 300 | 30 |
| 7521 | WARD | SALESMAN | 7698 | 22/02/81 | 1250 | 500 | 30 |
| 7566 | JONES | MANAGER | 7839 | 02/04/81 | 2975 | NULL | 20 |
| 7654 | MARTIN | SALESMAN | 7698 | 28/10/81 | 1250 | 1400 | 30 |
| 7698 | BLAKE | MANAGER | 7839 | 01/05/81 | 2850 | NULL | 30 |
| 7782 | CLARK | MANAGER | 7839 | 09/06/81 | 2450 | NULL | 10 |
| 7788 | SCOTT | ANALYST | 7566 | 09/12/82 | 3000 | NULL | 20 |
| 7839 | KING | PRESIDENT | NULL | 17/11/81 | 5000 | NULL | 10 |
| 7844 | TURNER | SALESMAN | 7698 | 08/10/81 | 1500 | 0 | 30 |
| 7876 | ADAMS | CLERK | 7788 | 12/01/83 | 1100 | NULL | 20 |
| 7900 | JAMES | CLERK | 7698 | 03/12/81 | 950 | NULL | 30 |
| 7902 | FORD | ANALYST | 7566 | 03/12/81 | 3000 | NULL | 20 |
| 7934 | MILLER | CLERK | 7782 | 23/01/82 | 1300 | NULL | 10 |

**DEPT**

| DEPTNO | DNAME | LOC |
|--------|-------|-----|
| 10 | ACCOUNTING | NEW YORK |
| 20 | RESEARCH | DALLAS |
| 30 | SALES | CHICAGO |
| 40 | OPERATIONS | BOSTON |

**SALGRADE**

| GRADE | LOSAL | HISAL |
|-------|-------|-------|
| 1 | 700 | 1200 |
| 2 | 1201 | 1400 |
| 3 | 1401 | 2000 |
| 4 | 2001 | 3000 |
| 5 | 3001 | 9999 |

## 8.2 SQL

Las sentencias SQL se componen de cláusulas, cada una de las cuales comienza con una palabra reservada determinada.

### 8.2.1 Formato básico de la sentencia SELECT

Cláusulas SELECT, FROM, WHERE y ORDER BY.

Formato:

```
SELECT [DISTINCT] { expr_1 [, expr_2]... | * }
FROM nombre_tabla
[WHERE condicion]
[ORDER BY columna [ASC | DESC]]
```

Tras la cláusula SELECT se escriben expresiones –habitualmente nombres de columnas, o expresiones en las que figuren nombres de columnas- pertenecientes a la tabla cuyo nombre aparece en la cláusula FROM. Si en lugar de nombres de columnas se pone un * equivale a escribir los nombres de todas las columnas de la tabla.

El resultado de la ejecución de una sentencia SELECT es siempre otra tabla. Las columnas de la tabla resultante serán las que figuren enumeradas tras la cláusula SELECT, y en el mismo orden en el que figuran tras ella.

## Ejemplos:

1. Seleccionar el nº de empleado, salario, comisión, nº de departamento y fecha de la tabla EMP.

```
SELECT ENO, SAL, COMM, DEPTNO, HIREDATE
FROM EMP;
```

| ENO | SAL | COMM | DEPTNO | HIREDATE |
|---|---|---|---|---|
| 7369 | 800 | NULL | 20 | 1980-12-17 |
| 7499 | 1600 | 300 | 30 | 1981-02-20 |
| 7521 | 1250 | 500 | 30 | 1981-02-22 |
| 7566 | 2975 | NULL | 20 | 1981-04-02 |
| 7654 | 1250 | 1400 | 30 | 1981-10-28 |
| 7698 | 2850 | NULL | 30 | 1981-05-01 |
| 7782 | 2450 | NULL | 10 | 1981-06-09 |
| 7788 | 3000 | NULL | 20 | 1982-12-09 |
| 7839 | 5000 | NULL | 10 | 1981-11-17 |
| 7844 | 1500 | 0 | 30 | 1981-10-08 |
| 7876 | 1100 | NULL | 20 | 1983-01-12 |
| 7900 | 950 | NULL | 30 | 1981-12-03 |
| 7902 | 3000 | NULL | 20 | 1981-12-03 |
| 7934 | 1300 | NULL | 10 | 1982-01-23 |

Si se escribe un asterisco, las columnas serán todas las de la tabla de la cláusula FROM, en el mismo orden en el que fueron creadas en la sentencia CREATE TABLE.

2. Seleccionar todas las columnas de la tabla DEPT.

```
SELECT *
FROM DEPT;
```

| DEPTNO | DNAME | LOC |
|---|---|---|
| 10 | ACCOUNTING | NEW YORK |
| 20 | RESEARCH | DALLAS |
| 30 | SALES | CHICAGO |
| 40 | OPERATIONS | BOSTON |

Los nombres de las columnas de la tabla resultante serán los mismos que los de las columnas de la tabla de la que proceden, salvo en el caso de que se usen expresiones. En este caso, dependiendo del gestor, pueden desde no tener nombre (!) hasta tener nombres generados por el propio gestor. Pueden salir, incluso, columnas con el mismo nombre (¡!). Puede asignarse un nombre, o cambiar el nombre de la columna escribiendo el nuevo nombre a continuación del nombre de la columna o de la expresión que genera la columna en la sentencia SELECT. Si el nombre tiene espacios en blanco, debe escribirse entre comillas.

```
SELECT ENAME "NOMBRE DEL EMPLEADO"
FROM EMP;

NOMBRE DEL EMPLEADO
——————-——————
ADAMS
ALLEN
BLAKE
CLARK
FORD
JAMES
JONES
KING
MARTIN
MILLER
SCOTT
SMITH
TURNER
WARD

(14 filas afectadas)
```

La evaluación de la condición expresada en la cláusula WHERE puede resultar verdadera o no. La columna especificada en la cláusula ORDER BY será, habitualmente, una de las que aparecen en la cláusula SELECT.

Si no se especifica ORDER BY, las filas se devuelven en cualquier orden. La única manera de obtener las filas ordenadas es solicitarlo explícitamente mediante ORDER BY.

Cuando se ordena ascendentemente por los valores de una columna las filas se presentan de tal forma que cada valor sea menor o igual que el siguiente para esa columna. También se puede clasificar el resultado por más de una columna, para ello se escriben sus nombres o sus números separados por comas. Si se especifica más de una columna, se clasifica por la primera y después, para cada valor clasificado de la primera, por la segunda y así sucesivamente. Si existen valores nulos, la posición de éstos depende del SGBDR. En DB2 se colocan al final. En Sybase SQL Server y en Microsoft SQL Server se colocan al principio.

3. Seleccionar los nombres y los empleos de todos los empleados, ordenados por empleo.

```
SELECT JOB, ENAME
FROM EMP
ORDER BY JOB;


JOB          ENAME
————- ————-- ————

ANALYST      SCOTT
ANALYST      FORD
CLERK        SMITH
CLERK        ADAMS
CLERK        JAMES
CLERK        MILLER
MANAGER      JONES
MANAGER      BLAKE
MANAGER      CLARK
PRESIDENT    KING
SALESMAN     ALLEN
SALESMAN     WARD
SALESMAN     MARTIN
SALESMAN     TURNER


(14 filas afectadas)
```

4. Seleccionar los nombres de todos los empleados, ordenados por empleo.

```
SELECT ENAME
FROM EMP
ORDER BY JOB;


ENAME
———— ——

SCOTT
FORD
SMITH
ADAMS
```

```
JAMES
MILLER
JONES
BLAKE
CLARK
KING
ALLEN
WARD
MARTIN
TURNER

(14 filas afectadas)
```

Se puede especificar un número en lugar del nombre de una columna. Si se hace así, equivale a escribir el nombre de la columna cuya posición en la cláusula SELECT corresponde a ese número. Por ejemplo, si se especifica ORDER BY 2 equivale a escribir el nombre de la segunda columna especificada en la cláusula SELECT.

5. Seleccionar los empleos que hay en cada departamento, ordenados por departamento.

```
SELECT DEPTNO, JOB
FROM EMP
ORDER BY 1;

DEPTNO JOB
————-  ————-
10     MANAGER
10     PRESIDENT
10     CLERK
20     CLERK
20     MANAGER
20     ANALYST
20     CLERK
20     ANALYST
30     SALESMAN
30     SALESMAN
30     SALESMAN
30     MANAGER
30     SALESMAN
30     CLERK

(14 filas afectadas)
```

Por omisión, la clasificación se realiza en orden creciente. Si se desea en orden decreciente se debe escribir DESC detrás del nombre o el número de la columna para la que se desea la clasificación decreciente.

6. Mostrar el trabajo, el nombre y el salario de los empleados ordenados ascendentemente por el tipo de trabajo y por salario descendente.

```
SELECT JOB, ENAME, SAL
FROM EMP
ORDER BY 1, 3 DESC;


JOB           ENAME        SAL
_____

ANALYST       SCOTT        3000
ANALYST       FORD         3000
CLERK         MILLER       1300
CLERK         ADAMS        1100
CLERK         JAMES        950
CLERK         SMITH        800
MANAGER       JONES        2975
MANAGER       BLAKE        2850
MANAGER       CLARK        2450
PRESIDENT     KING         5000
SALESMAN      ALLEN        1600
SALESMAN      TURNER       1500
SALESMAN      WARD         1250
SALESMAN      MARTIN       1250


(14 filas afectadas)
```

## 8.2.2 Eliminación de filas repetidas

El resultado de la ejecución de una sentencia SELECT devuelve todas las filas que cumplen la condición impuesta en la cláusula WHERE, incluso las repetidas.

Por ejemplo:

```
SELECT DEPTNO
FROM EMP

DEPTNO
───── ─-
20
30
30
20
30
30
10
20
10
30
20
30
20
10
```

Para eliminar las filas repetidas, puede incluirse la palabra reservada DISTINCT antes del nombre de las columnas. En este caso, dos valores nulos se consideran iguales.

## Ejemplo:

7. Seleccionar los distintos departamentos que existen en la tabla EMP.

```
SELECT DISTINCT DEPTNO
FROM EMP;

DEPTNO
───── ─-
10
20
30
```

## 8.2.3 Expresiones

En una sentencia para formular una consulta se pueden realizar operaciones con los datos. Por ejemplo, se puede solicitar el resultado del producto de los valores de dos columnas, o el valor de una columna dividido por un valor. Para ello se utilizan expresiones.

También pueden utilizarse expresiones en las condiciones de búsqueda impuestas en la cláusula WHERE.

Una expresión es una combinación de operadores, operandos y paréntesis. El resultado de la ejecución de una expresión es un único valor.

En el formato de la sentencia SELECT descrito anteriormente, las expresiones pueden utilizarse en la cláusula SELECT en lugar de nombres de columnas y en la cláusula WHERE en la formulación de la condición donde uno o ambos de los valores a comparar pueden ser el resultado de evaluar una expresión.

Los operandos pueden ser nombres de columnas, constantes u otras expresiones. Otros tipos de operandos, como las funciones de columna se verán más adelante.

Los operadores actúan sobre datos homogéneos, es decir bien numéricos o bien alfanuméricos.

Con los datos de tipo numérico solo se pueden realizar operaciones aritméticas, cuyos operadores son + (suma),–(resta), * (multiplicación) y / (división).

**Ejemplos:**

8. Calcular el salario anual a percibir por cada empleado.

```
SELECT ENAME, SAL * 4 * 12 'SAL ANUAL'
FROM EMP;

ENAME     SAL ANUAL
-------   ---------

SMITH     38400
ALLEN     76800
WARD      60000
JONES     142800
MARTIN    60000
BLAKE     136800
CLARK     117600
```

```
SCOTT      144000
KING       240000
TURNER     72000
ADAMS      52800
JAMES      45600
FORD       144000
MILLER     62400
```

9. Mostrar el nombre del empleado y una columna que contenga el salario multiplicado por la comisión cuya cabecera sea 'BONO'.

```
SELECT ENAME, SAL*COMM BONO
FROM EMP;

ENAME        BONO
___ _____ _____
SMITH        NULL
ALLEN        480000
WARD         625000
JONES        NULL
MARTIN       1750000
BLAKE        NULL
CLARK        NULL
SCOTT        NULL
KING         NULL
TURNER       0
ADAMS        NULL
JAMES        NULL
FORD         NULL
MILLER       NULL
```

Los operadores para tipos de datos alfanuméricos varían de una implementación de SQL a otra. En el apartado correspondiente estudiaremos algunos de los soportados por Sybase SQL Server.

## 8.2.4 Predicados

En las consultas vistas hasta ahora hemos visto consultas sin condiciones. Pueden especificarse condiciones de búsqueda más complejas que proporcionan una gran potencia de selección al SQL. Estas condiciones se denominan predicados.

Un predicado expresa una condición entre valores y el resultado de su evaluación puede ser "verdadero", "falso" o "desconocido".

Los predicados se expresan en la cláusula WHERE y en otras que veremos más adelante.

Solo se considera satisfecha la condición de búsqueda expresada en un predicado cuando toma el valor "Verdadero". Esto quiere decir que el resultado de la evaluación de un predicado expresado en la cláusula WHERE da lugar a la recuperación de las filas para las que toma el valor "Verdadero" y se rechazarán las filas para las que tome el valor "Falso" o "Desconocido".

Los predicados pueden clasificarse en simples y compuestos.

## Predicados Simples

Predicados básicos: expresan condiciones de comparación entre dos valores. Son =, <, > o las siguientes combinaciones de ellos:

**Predicado "Verdadero" si y solo si**
x = y x es igual a y
x <> y x no es igual a y
x < y x es menor que y
x > y x es mayor que y
x <= y x es menor o igual que y
x >= y x es mayor o igual que y

Si alguno o ambos de los operadores $x$ o $y$ es nulo, el resultado de la evaluación del predicado toma el valor "Desconocido". Para el resto de los casos toma el valor "Falso".

Los operadores $x$ o $y$ pueden ser expresiones.

## Ejemplos:

10. Seleccionar aquellos empleados que sean 'SALESMAN'.

```
SELECT ENAME
FROM EMP
WHERE JOB = 'SALESMAN';

ENAME
‾‾‾‾‾
ALLEN
```

```
WARD
MARTIN
TURNER
```

11. Seleccionar aquellos empleados que no trabajen en el departamento 30.

```
SELECT ENAME
FROM EMP
WHERE DEPTNO <> 30;


ENAME
_____

SMITH
JONES
CLARK
SCOTT
KING
ADAMS
FORD
MILLER
```

12. Seleccionar el nombre de aquellos empleados que ganen más de 2000.

```
SELECT ENAME
FROM EMP
WHERE SAL > 2000;


ENAME
_____

JONES
BLAKE
CLARK
SCOTT
KING
FORD
```

13. Seleccionar aquellos empleados que hayan entrado antes del 1/1/82

```
SELECT ENAME
FROM EMP
WHERE HIREDATE < '1/1/82';
```

```
ENAME
──────

SMITH
ALLEN
WARD
JONES
MARTIN
BLAKE
CLARK
KING
TURNER
JAMES
FORD
```

14. Mostrar el nombre del empleado y su fecha de alta en la empresa de los empleados que son 'ANALISTA'.

```
SELECT ENAME, HIREDATE
FROM EMP
WHERE JOB = "ANALYST";


ENAME     HIREDATE
── ──  ── ── ── ──

SCOTT     1982-12-09
FORD      1981-12-03
```

## 8.2.5 Sentencias subordinadas

El segundo operador (*y*) puede ser, en lugar de una expresión, el resultado de la ejecución de otra sentencia SELECT, que deberá ir entre paréntesis y devolver como resultado un único valor. Es decir, la tabla resultante debe tener una sola columna y una fila o ninguna. Además no se puede especificar en ella la cláusula ORDER BY. Si el resultado de esta sentencia SELECT es una tabla vacía, su valor se toma como "desconocido".

15. Seleccionar los empleados cuyo salario sea superior al de 'ADAMS'.

```
SELECT ENAME
FROM EMP
WHERE SAL > (SELECT SAL
             FROM EMP
             WHERE ENAME = 'ADAMS');
```

```
ENAME
───────
ALLEN
WARD
JONES
MARTIN
BLAKE
CLARK
SCOTT
KING
TURNER
FORD
MILLER
```

16. Seleccionar los empleados que trabajan en el mismo departamento que 'CLARK'.

```
SELECT ENAME
FROM EMP
WHERE DEPTNO = (SELECT DEPTNO FROM EMP WHERE ENAME = 'CLARK');

ENAME
──────
CLARK
KING
MILLER
```

17. Encontrar a los empleados cuyo jefe es 'BLAKE'.

```
SELECT ENAME
FROM EMP
WHERE MGR = (SELECT ENO
              FROM EMP WHERE ENAME = 'BLAKE');

ENAME
──────
ALLEN
WARD
MARTIN
TURNER
JAMES
```

## Predicados compuestos

Lo visto hasta ahora son predicados simples. Los predicados compuestos son combinaciones de predicados, simples o compuestos con los operadores lógicos AND, OR y NOT.

AND y OR se aplican a dos operandos, mientras que NOT se aplica a uno solo. En todos los casos, los operandos son otros predicados.

Los predicados compuestos, al igual que los simples, pueden tomar los valores "Verdadero", "Falso" o "Desconocido".

Cuando se utiliza AND, el resultado es "Verdadero" cuando los dos predicados lo son. Cuando se utiliza OR, el resultado es "Verdadero" cuando lo es cualquiera de sus operandos (al menos uno). Cuando se utiliza NOT, el resultado es verdadero cuando el predicado sobre el que se aplica es "Falso".

### Ejemplos:

18. Seleccionar el nombre de los vendedores que ganen más de 1500.

```
SELECT ENAME
FROM EMP
WHERE JOB = 'SALESMAN'
  AND SAL > 1500;


ENAME
_____

ALLEN
```

19. Seleccionar el nombre de aquellos que sean 'CLERK' o trabajen en el departamento 30.

```
SELECT ENAME
FROM EMP
WHERE JOB = 'CLERK'
  OR DEPTNO = 30;
```

```
ENAME
------
SMITH
ALLEN
WARD
MARTIN
BLAKE
TURNER
ADAMS
JAMES
MILLER
```

## 8.2.6  Predicados propios de SQL

### Comprobación de valor nulo. Predicado IS NULL

Formato:

```
nom_columna IS [NOT] NULL
```

Se utiliza para consular si el valor de la columna de una fila determinada es o no nulo. Si es nulo el resultado será "Verdadero", si no lo es "Falso". No puede tomar el valor "Desconocido".

### Ejemplo:

20. Seleccionar aquellos empleados que tienen comisión.

```
SELECT ENAME
FROM EMP
WHERE COMM IS NOT NULL;

ENAME
------
ALLEN
WARD
MARTIN
TURNER
```

## Prueba de pertenencia a un conjunto. Predicado IN

Formato:

```
expresión [NOT] IN (cte_1 [, cte_2]…)
```

Se utiliza para averiguar si el resultado de la evaluación de una expresión está incluido en la lista de valores especificada tras la palabra IN.

Si el resultado de la expresión es no nulo, y es igual a alguno de los valores de la lista, el predicado es "Verdadero", si no es "Falso".

Si la expresión devuelve un valor nulo, el predicado toma el valor "Desconocido".

En lugar de una lista de valores, puede especificarse una sentencia SELECT subordinada, que deberá devolver una tabla con una sola columna y no podrá contener la cláusula ORDER BY.

En este caso, el formato sería:

```
expresión IN (subselect)
```

*subselect* es una sentencia SELECT subordinada.

## Ejemplos:

21. Seleccionar aquellos que se llamen 'SMITH', 'ALLEN' o 'SCOTT '.

```
SELECT *
FROM EMP
WHERE ENAME IN ('SMITH', 'ALLEN' , 'SCOTT');
```

| ENO | ENAME | JOB | MGR | HIREDATE | SAL | COMM | DEPTNO |
|------|-------|----------|------|------------|------|------|--------|
| 7369 | SMITH | CLERK | 7902 | 1980-12-17 | 800 | NULL | 20 |
| 7499 | ALLEN | SALESMAN | 7698 | 1981-02-20 | 1600 | 300 | 30 |
| 7788 | SCOTT | ANALYST | 7566 | 1982-12-09 | 3000 | NULL | 20 |

22. Seleccionar aquellos que no se llamen 'SMITH', 'ALLEN' o 'SCOTT '.

```
SELECT *
FROM EMP
WHERE ENAME NOT IN ('SMITH', 'ALLEN' , 'SCOTT ');
```

| ENO | ENAME | JOB | MGR | HIREDATE | SAL | COMM | DEPTNO |
|-----|-------|-----|-----|----------|-----|------|--------|
| 7521 | WARD | SALESMAN | 7698 | 1981-02-22 | 1250 | 500 | 30 |
| 7566 | JONES | MANAGER | 7839 | 1981-04-02 | 2975 | NULL | 20 |
| 7654 | MARTIN | SALESMAN | 7698 | 1981-10-28 | 1250 | 1400 | 30 |
| 7698 | BLAKE | MANAGER | 7839 | 1981-05-01 | 2850 | NULL | 30 |
| 7782 | CLARK | MANAGER | 7839 | 1981-06-09 | 2450 | NULL | 10 |
| 7839 | KING | PRESIDENT | NULL | 1981-11-17 | 5000 | NULL | 10 |
| 7844 | TURNER | SALESMAN | 7698 | 1981-10-08 | 1500 | 0 | 30 |
| 7876 | ADAMS | CLERK | 7788 | 1983-01-12 | 1100 | NULL | 20 |
| 7900 | JAMES | CLERK | 7698 | 1981-12-03 | 950 | NULL | 30 |
| 7902 | FORD | ANALYST | 7566 | 1981-12-03 | 3000 | NULL | 20 |
| 7934 | MILLER | CLERK | 7782 | 1982-01-23 | 1300 | NULL | 10 |

23. Seleccionar los empleados que trabajen en 'CHICAGO'.

```
SELECT ENAME
```

```
FROM EMP
WHERE DEPTNO IN (SELECT DEPTNO
                 FROM DEPT
                 WHERE LOC = 'CHICAGO');
```

```
ENAME
_____

ALLEN
WARD
MARTIN
BLAKE
TURNER
JAMES
```

24. Seleccionar aquellos empleados que trabajen en el departamento 10, o en el 20.

```
SELECT ENAME
FROM EMP
WHERE DEPTNO IN (10, 20);


ENAME
_____

MITH
JONES
CLARK
SCOTT
KING
ADAMS
FORD
MILLER
```

## Predicados cuantificados (ALL, SOME, ANY)

Como hemos visto, cuando se utiliza una sentencia SELECT subordinada en un predicado de comparación, el resultado debe ser un valor único (una tabla con una sola fila y una sola columna).

Pero se permite que el resultado de la sentencia SELECT subordinada tenga más de un valor si esta viene precedida de una de las palabras reservadas ALL, SOME, ANY (palabras cuantificadoras). Cuando se utilizan estas palabras, los predicados en los que participan se denominan predicados cuantificados.

En ellos, el resultado de la ejecución de la sentencia SELECT subordinada debe ser una tabla con una sola columna y cero o más filas.

## Cuantificador ALL

El predicado cuantificado es verdadero si la comparación es verdadera para todos y cada uno de los valores devueltos por la SELECT subordinada.

Si la SELECT subordinada devuelve una tabla vacía, el predicado cuantificado toma el valor "verdadero".

Si devuelve uno o más valores y alguno de ellos es nulo, el predicado cuantificado puede ser:

▶ "Falso" si para alguno de los valores no nulos la comparación toma el valor "Falso".

▶ "Desconocido" Si la comparación es verdadera para todos los valores no nulos.

Si devuelve uno o más valores y ninguno de ellos es nulo, el predicado cuantificado es "verdadero" si la comparación lo es para todos los valores de la tabla devuelta. En otro caso es "Falso".

25. Seleccionar el nombre de los empleados que ganen más que todos los 'SALESMAN'.

```
SELECT ENAME
FROM EMP
WHERE SAL > ALL (SELECT SAL
                 FROM EMP
                 WHERE JOB = 'SALESMAN');


ENAME
─────
JONES
BLAKE
CLARK
SCOTT
KING
FORD
```

## Cuantificador SOME

El predicado cuantificado es verdadero si la comparación es verdadera para uno cualquiera de los valores devueltos por la ejecución de la sentencia SELECT subordinada.

Si la sentencia subordinada devuelve una tabla vacía, el predicado cuantificado toma el valor "Falso".

Si devuelve una o más filas y alguna de ellas es nula, el predicado cuantificado puede ser:

▶ "Verdadero" si para alguno de los valores no nulos el resultado de la comparación es "Verdadero".

▶ "Desconocido" si para todos los valores no nulos de la tabla el resultado de la comparación es "Falso".

Si devuelve una o más filas y ninguna es nula, el predicado cuantificado es verdadero si la comparación es verdadera para alguno de los valores. En otro caso es "Falso".

**Cuantificador ANY.**

Usar ANY es lo mismo que usar SOME.

## Ejemplo:

26. Seleccionar los empleados que ganen más que alguno de los 'SALESMAN'.

```
SELECT ENAME
FROM EMP
WHERE SAL > SOME (SELECT SAL
                  FROM EMP
                  WHERE JOB = 'SALESMAN');


ENAME
_____

ALLEN
JONES
BLAKE
CLARK
SCOTT
KING
TURNER
FORD
MILLER
```

## Predicado BETWEEN–AND

Formato:

```
expr_1 [NOT] BETWEEN expr_2 AND expr_3
```

Se utiliza para comprobar si un valor está comprendido entre otros dos (ambos inclusive), o no. Si se omite NOT, el predicado es verdadero si el valor de expr_1 está comprendido entre el valor de expr_2 y el de expr_3, ambos inclusive.

Si se especifica NOT, el predicado es verdadero si el valor de expr_1 no está en ese rango. En el caso de V1 BETWEEN V2 AND V3:

Si ninguno de los valores de V1, V2 y V3 es nulo, el predicado es verdadero si el resultado de V1 es mayor o igual que el de V2 y menor o igual que el de V3. En otro caso es "Falso".

Normalmente, el valor de V2 será menor o igual que el de V3. De no ser así, el predicado será "Falso" para cualquier valor de V1. Salvo que V1 = V2 = V3, en cuyo caso el predicado es verdadero.

Si alguno de los valores, V1, V2 o V3 es nulo, el predicado toma el valor desconocido.

## Ejemplos:

27. Seleccionar aquellos cuyo salario esté entre 2000 y 3000.

```
SELECT ENAME
FROM EMP
WHERE SAL BETWEEN 2000 AND 3000;

ENAME
-----
JONES
BLAKE
CLARK
SCOTT
FORD
```

28. Seleccionar aquellos empleados que hayan entrado en 1981.

```
SELECT ENAME
FROM EMP
WHERE HIREDATE BETWEEN '1/1/1981' AND '31/12/1981';

ENAME
------
ALLEN
WARD
JONES
MARTIN
BLAKE
CLARK
KING
TURNER
JAMES
FORD
```

En el caso de V1 NOT BETWEEN V2 AND V3.

Si ninguno de los valores V1, V2 o V3 es nulo, el predicado es verdadero si V1 es, o bien menor que V2 o bien mayor que V3. En otro caso es falso.

De este modo, si V2 es igual o mayor que V3, el predicado será verdadero para cualquier valor de V1. Excepto cuando V1 = V2 = V3, que es falso.

Si V1 es nulo, el predicado toma el valor "desconocido". Si V1 no es nulo:

▶ Si V2 y V3 son nulos, el predicado es "desconocido".

▶ Si V2 es nulo y V3 no, el predicado es verdadero si V1 es mayor que V3. En otro caso es "Desconocido".

▶ Si V3 es nulo y V2 no, el predicado es "verdadero" si V1 es menor que V2. En otro caso es desconocido.

## Predicado LIKE

Formato:

```
nom_columna [NOT] LIKE cte_alfanumérica
```

La columna debe ser de tipo alfanumérico.

Se utiliza para buscar combinaciones de caracteres que coincidan con un patrón especificado.

## Ejemplo:

X LIKE Y

Donde X es el nombre de una columna de tipo alfanumérico e Y una constante del mismo tipo utilizada como patrón de búsqueda.

La constante alfanumérica puede contener cualquier carácter válido, pero dos de ellos, el carácter de subrayado (_) y el símbolo de porcentaje (%) tienen un significado especial.

A partir del valor de la cadena Y se generan otras cadenas de caracteres sustituyendo cada carácter "_" por un único carácter cualquiera y siempre uno, y cada "%" por una cadena cualquiera de cualquier longitud (incluida la cadena vacía).

Los resultados pueden ser:

- Si X no es nulo, el predicado es verdadero si su valor está incluido entre los que se pueden generar a partir del patrón Y. Si no toma el valor "Falso".

- Si X e Y son ambos cadenas vacías (cadenas de longitud cero), se conviene que el predicado es verdadero.

- Si X es nulo, el resultado es "Desconocido".

Evidentemente, si el valor de Y no contiene caracteres "_" o "%", el predicado X LIKE Y equivale a X=Y.

## Ejemplos:

29. Seleccionar aquellos empleados cuyo nombre empiece por 'A'.

```
SELECT ENAME
FROM EMP
WHERE ENAME LIKE 'A%';


ENAME
_____

ALLEN
ADAMS
```

30. Seleccionar aquellos empleados cuyo nombre tenga como segunda letra una 'D'.

```
SELECT ENAME
FROM EMP
WHERE ENAME LIKE '_D%';


ENAME
_____

ADAMS
```

## 8.2.7 Funciones de columnas

Permiten obtener un solo valor como resultado de aplicar una determinada operación a los valores contenidos en una columna.

## 8.2.8 Funciones colectivas

Son aquellas cuyo argumento es una colección de valores tomados de los pertenecientes a una o más columnas. Se llaman también por ello funciones de columna.

Se aplican a la colección de valores del argumento y producen un único resultado a partir de ellos.

Son:

▶ AVG

Devuelve la media de los valores de la colección.

▶ MAX

Devuelve el valor máximo de la colección.

▶ MI

Devuelve el valor mínimo.

▶ SUM

Devuelve la suma.

▶ COUNT

Devuelve el número de elementos que tiene la colección.

El argumento suele ser una expresión. Pueden utilizarse como operandos en las expresiones utilizadas en la cláusula SELECT.

Antes de aplicar las funciones se construyen uno o más grupos de filas. La forma de construir grupos se especifica mediante la cláusula GROUP BY (que veremos más adelante). Si no se emplea GROUP BY se considera un solo grupo formado por todas las filas de la tabla que cumplen el predicado de la cláusula WHERE. A todas ellas se les aplican las funciones colectivas y el resultado será una tabla con una sola fila y con tantas columnas como expresiones haya en la cláusula SELECT.

## 8.2.9 Reglas y formatos de las funciones colectivas

Antes de aplicar una función colectiva a la colección de valores de su argumento se eliminan los valores nulos, si existen.

Si la colección es vacía, la función COUNT devuelve un valor cero y las demás un valor nulo.

Para AVG, MAX, MIN y SUM el resultado tiene el mismo tipo de dato que el argumento. Este debe ser numérico para AVG y SUM y puede ser de cualquier tipo para MAX y MIN.

Si el argumento es de tipo DECIMAL(p,s) el resultado de la función SUM es también de tipo DECIMAL con la misma escala.

Por el contrario, la función AVG devolvería el resultado con más decimales.

Si el argumento es de tipo INTEGER o SMALLINTEGER la función AVG puede perder cifras decimales al calcular la media, al ser el resultado también de tipo entero.

Hay tres formatos.

**FORMATO 1**

```
nom_función ([DISTINCT] nom_columna)
nom_función: cualquiera.
```

Argumento: nombre de una columna. No puede ser una expresión.

La palabra DISTINCT no se considera un argumento de la función. Se emplea para, antes de aplicar la función de columna a los valores de la colección, eliminar de ella los valores repetidos. Evidentemente, el uso de DISTINCT con MAX y MIN es, aunque lícito, absurdo. En una cláusula SELECT no puede especificarse DISTINCT más de una vez, ya sea dentro de una función o detrás de la cláusula SELECT.

## Ejemplos:

31. Calcular el número de empleados que tienen comisión y la media.

```
SELECT COUNT(COMM), AVG(COMM)
FROM EMP;


——————- ——————-
4      550
```

32. Encontrar el salario medio de aquellos empleados cuyo trabajo sea el de ANALISTA.

```
SELECT AVG(SAL) 'SALARIO MEDIO'
FROM EMP
WHERE JOB = 'ANALYST';

SALARIO MEDIO
——————--——————
3000
```

33. Encontrar el salario más alto, el más bajo y la diferencia entre ambos.

```
SELECT MAX(SAL), MIN(SAL), MAX(SAL)-MIN(SAL)
FROM EMP;


——————- ——————- ——————-
5000   800    4200
```

34. Hallar el numero de trabajos distintos que existen en el departamento 30.

```
SELECT COUNT (DISTINC T JOB)
FROM EMP
WHERE DEPTNO = 30;


——————--——————
3
```

## FORMATO 2

```
nom_función (expresión)
nom_función: cualquiera, excepto COUNT
```

Argumento: expresión en la que debe haber al menos un nombre de columna y no puede haber una función colectiva.

## Ejemplo:

35. Calcular el salario total mensual.

```
SELECT SUM(SAL * 4) SUMA
FROM EMP;

SUMA
------
116100
```

## FORMATO 3

```
COUNT (*)
```

Solo válido para la función COUNT.

Devuelve el número de filas que hay en el grupo sobre el que se aplica.

## Ejemplo:

36. Encontrar el nº de trabajadores diferentes en el departamento 30 para aquellos empleados cuyo salario pertenezca al intervalo [1000, 1800].

```
SELECT COUNT(*)
FROM EMP
WHERE DEPTNO = 30
  AND SAL BETWEEN 1000 AND 1800;
--------
4
```

## 8.2.10  Consultas con agrupamiento de filas

Existe la posibilidad de formar grupos de filas de acuerdo con un determinado criterio para aplicarles después una función colectiva.

### CLÁUSULA GROUP BY

Cláusula opcional de la sentencia SELECT que sirve para agrupar filas.

Si se especifica, debe aparecer después de la cláusula WHERE, si esta existe.

Formato:

```
GROUP BY col1 [, col2]...
```

Donde col1, col2, son nombres de columnas a las que denominaremos columnas de agrupamiento.

La cláusula GROUP BY indica que se han de agrupar las filas de la tabla de modo que todas las que tengan iguales valores para las columnas de agrupamiento formen un grupo.

Pueden existir grupos de una sola fila.

Los valores nulos se consideran iguales. Se incluyen en el mismo grupo.

Una vez formados los grupos, para cada uno de ellos se evalúan las expresiones de la cláusula SELECT. Por tanto, cada uno de ellos produce una única fila en la tabla resultante.

Las columnas que participen en estas expresiones y no sean de agrupamiento solo pueden especificarse en los argumentos de funciones colectivas.

### Ejemplos:

37. Seleccionar el salario, mínimo y máximo de los empleados, agrupados por empleo.

```
SELECT JOB, MIN(SAL), MAX(SAL)
FROM EMP
GROUP BY JOB;

JOB
_____ _____   _____

ANALYST   3000           3000
CLERK     800            1300
MANAGER   2450           2975
PRESIDENT 5000           5000
SALESMAN  1250           1600
```

38. Seleccionar el número de empleados que tienen comisión y la media de la misma en cada departamento.

```
SELECT DEPTNO, COUNT(COMM), AVG(COMM)
FROM EMP
GROUP BY DEPTNO;


DEPTNO
_____-  _____-  _____-_____

  10       0      NULL
  20       0      NULL
  30       4      550
```

Las funciones de columna no pueden utilizarse en la cláusula WHERE. Si se necesita calcular una función de columna para una condición, debe anidarse una consulta.

39. Calcular el número de empleados por departamento que tienen un salario superior a la media.

```
SELECT DEPTNO, COUNT(*)
FROM EMP
WHERE SAL > (SELECT AVG (SAL)
             FROM EMP)
GROUP BY DEPTNO;


DEPTNO
_____-  _____-_____

  10       2
  20       3
  30       1
```

40. Seleccionar el salario mínimo, máximo y medio de los empleados agrupados por empleo.

```
SELECT JOB, MIN(SAL), MAX(SAL), AVG(SAL)
FROM EMP
GROUP BY JOB;


JOB
_____ _____-  _____-  _____-_____

ANALYST     3000    3000    3000
CLERK        800    1300    1037
MANAGER     2450    2975    2758
PRESIDENT   5000    5000    5000
SALESMAN    1250    1600    1400
```

## Cláusula HAVING

Cláusula opcional de la sentencia SELECT utilizada para descartar grupos de filas. Formato:

HAVING condición.

Indica que, después de haber formado los grupos de filas, se descarten aquellos grupos que no cumplan la condición.

Como ya hemos visto, la configuración de las filas en grupos se realiza mediante la cláusula GROUP BY o, si esta no existe, formando un solo grupo con todas las filas.

Si se especifica la cláusula GROUP BY, esta debe preceder a la cláusula HAVING.

La condición es un predicado simple o compuesto en el que las columnas que participen y no sean de agrupamiento deberán figurar como argumentos de funciones colectivas.

### Ejemplos:

41. Seleccionar el salario mínimo, máximo y medio de los empleados agrupados por empleo, pero solo aquellos cuya media sea superior a 4000.

```
SELECT JOB, MIN(SAL), MAX(SAL), AVG(SAL)
FROM EMP
GROUP BY JOB
HAVING AVG(SAL) > 4000;


JOB

———- ———- ———- ——————-
PRESIDENT  5000     5000       5000
```

42. El salario medio y mínimo de cada puesto, mostrando en el resultado aquellos cuyo salario medio esté por encima de 1500.

```
SELECT JOB, AVG(SAL), MIN(SAL)
FROM EMP
GROUP BY JOB
HAVING AVG(SAL) > 1500;
```

```
JOB
———————————  ——————————
ANALYST    3000        3000
MANAGER    2758        2450
PRESIDENT  5000        5000
```

## HAVING SIN GROUP BY

Aunque hay que particularizar su uso para cada gestor, puede utilizarse la cláusula HAVING sin un GROUP BY previo. En este caso se aplica la condición al único grupo de filas formado por todas las filas de la tabla resultante.

Por ejemplo:

```
SELECT MAX(SAL), AVG (SAL)
FROM EMP
HAVING AVG(SAL) > 1000;


————-  ————-————————
5000       2073
(1 filas afectadas)
```

# 8.2.11 Sentencia Select con agrupamiento de filas

Se hace agrupamiento cuando, o bien se utiliza la cláusula GROUP BY, o bien se utilizan funciones colectivas en las expresiones de la cláusula SELECT, o bien se dan ambos casos.

Si se especifica GROUP BY se agrupan las filas que tengan iguales valores en las columnas de agrupamiento. Si no, se asume que todas las filas forman un único grupo.

Una vez formados los grupos:

1. Para cada grupo se evalúan las expresiones de la cláusula SELECT, dando lugar a una fila en la tabla resultante.

2. Las columnas que no sean de agrupamiento solo pueden usarse como participantes en los argumentos de funciones colectivas, ya sea en las expresiones de la cláusula SELECT o en la condición de la cláusula HAVING.

La palabra DISTINCT solo puede especificarse una vez, bien en la cláusula SELECT o bien dentro de funciones colectivas en la condición de la cláusula HAVING. Este límite no rige para las sentencias subordinadas que pueda haber en los predicados de las cláusulas WHERE o HAVING.

## 8.2.12 Consultas sobre varias tablas

Es posible manejar varias tablas en una sola sentencia, para lo cual basta poner sus nombres en la cláusula FROM de la sentencia principal o de una subordinada. En el primer caso, el resultado se obtiene combinando datos de las tablas intervinientes entre sí, y es la forma de realizar en SQL la operación de yunción entre tablas. En el segundo caso, se puede también hacer referencia en una sentencia subordinada a datos mencionados en la principal, dando lugar a un tipo de consultas llamadas correlacionadas.

### CALIFICACIÓN DE NOMBRES DE COLUMNAS

Como para una tabla los nombres de todas sus columnas son diferentes, en una sentencia SQL en la que interviene una sola tabla, basta el nombre de una columna para designarla sin ambigüedad. Sin embargo, si interviene más de una tabla en una misma sentencia SQL, puede ocurrir que algún nombre de columna se repita en más de una de ellas. En este caso, para referirnos sin ambigüedad a una columna determinada, hay que indicar a qué tabla pertenece. Para ello se escribe el nombre de la columna precedido del de la tabla y separados por un punto. Así, por ejemplo, el nombre **reservas.num_vuelo** se refiere a la columna num_vuelo de la tabla reservas, y **partes.num_vuelo** a la columna num_vuelo de la tabla partes.

Cuando un nombre de columna se escribe de esta forma, se dice que está calificado por el nombre de la tabla.

### LA CLÁUSULA FROM

En ella se puede especificar una lista de nombres de tablas separados por comas.

De esta forma, la siguiente cláusula de la sentencia se aplicará al **producto cartesiano** de las tablas especificadas en la cláusula FROM.

Como en las tablas puede haber nombres de columnas repetidos, si en la sentencia se hace referencia a alguno de ellos es necesario calificarlo.

Se puede simplificar la operación de calificación de nombres de columnas mediante el uso de nombres locales también llamados **alias**. Estos nombres se asignan a las tablas en una sentencia y cuyo ámbito de uso se restringe a esta. Se definen en la cláusula FROM, escribiendo detrás del nombre de cada tabla el alias que se le quiere asignar. (Cuando se asigna un alias a una tabla, todas las referencias calificadas a sus columnas deben usar el alias.)

Una tabla puede especificarse más de una vez en una cláusula FROM. En este caso es necesario asignarle un alias.

## 8.2.13 Operación de reunión (Join)

La reunión de dos o más relaciones se realiza escribiendo los nombres de las tablas que se desea reunir en la cláusula FROM. Si la reunión es de dos relaciones, la cláusula WHERE deberá contener la condición de reunión de las tablas. Cuando esa reunión es por igualdad de las columnas que relacionan ambas tablas (clave ajena – clave principal) es una equireunión, reunión natural o join. En una sentencia SELECT en la que se utiliza más de una tabla en la cláusula FROM, pueden referenciarse nombres de cualquiera de las tablas tanto en la cláusula SELECT como en la cláusula WHERE.

**Ejemplos:**

43. ¿Cuántos empleados trabajan en 'CHICAGO'?

```
SELECT COUNT(*)
FROM EMP, DEPT
WHERE EMP.DEPTNO = DEPT.DEPTNO
   AND LOC = 'CHICAGO';
   ——————-————
6
```

44. ¿Qué empleados trabajan en 'DALLAS'?

```
SELECT ENAME
FROM EMP, DEPT
WHERE EMP.DEPTNO = DEPT.DEPTNO
   AND LOC = 'DALLAS';


ENAME
_____

SMITH
JONES
SCOTT
ADAMS
FORD
```

Si hay columnas con el mismo nombre, es necesario calificarlas con el nombre de la tabla para evitar ambigüedades.

45. Nombre de todos los empleados, empleo, departamento y localidad.

```
SELECT ENAME, JOB, EMP.DEPTNO, LOC
FROM EMP, DEPT
WHERE EMP.DEPTNO = DEPT.DEPTNO;
```

| ENAME | JOB | DEPTNO | LOC |
|---|---|---|---|
| SMITH | CLERK | 20 | DALLAS |
| ALLEN | SALESMAN | 30 | CHICAGO |
| WARD | SALESMAN | 30 | CHICAGO |
| JONES | MANAGER | 20 | DALLAS |
| MARTIN | SALESMAN | 30 | CHICAGO |
| BLAKE | MANAGER | 30 | CHICAGO |
| CLARK | MANAGER | 10 | NEW YORK |
| SCOTT | ANALYST | 20 | DALLAS |
| KING | PRESIDENT | 10 | NEW YORK |
| TURNER | SALESMAN | 30 | CHICAGO |
| ADAMS | CLERK | 20 | DALLAS |
| JAMES | CLERK | 30 | CHICAGO |
| FORD | ANALYST | 20 | DALLAS |
| MILLER | CLERK | 10 | NEW YORK |

46. Seleccionar el nombre de cada empleado, y el número y nombre de su jefe.

```
SELECT E1.ENAME, E1.MGR, E2.ENAME FROM
EMP E1, EMP E2
WHERE E2.ENO = E1.MGR;
```

| ENAME | MGR | ENAME |
|---|---|---|
| ADAMS | 7788 | SCOTT |
| ALLEN | 7698 | BLAKE |
| BLAKE | 7839 | KING |
| CLARK | 7839 | KING |
| FORD | 7566 | JONES |
| JAMES | 7698 | BLAKE |
| JONES | 7839 | KING |
| MARTIN | 7698 | BLAKE |
| MILLER | 7782 | CLARK |
| SCOTT | 7566 | JONES |
| SMITH | 7902 | FORD |
| TURNER | 7698 | BLAKE |
| WARD | 7698 | BLAKE |

47. Mostrar el nombre del empleado, su trabajo, el nombre y el código del departamento en el que trabaja.

```
SELECT ENAME, JOB, DNAME, DEPT.DEPTNO
FROM EMP, DEPT
WHERE EMP.DEPTNO = DEPT.DEPTNO;
```

| ENAME | JOB | DNAME | DEPTNO |
|---|---|---|---|
| SMITH | CLERK | RESEARCH | 20 |
| ALLEN | SALESMAN | SALES | 30 |
| WARD | SALESMAN | SALES | 30 |
| JONES | MANAGER | RESEARCH | 20 |
| MARTIN | SALESMAN | SALES | 30 |
| BLAKE | MANAGER | SALES | 30 |
| CLARK | MANAGER | ACCOUNTING | 10 |
| SCOTT | ANALYST | RESEARCH | 20 |
| KING | PRESIDENT | ACCOUNTING | 10 |
| TURNER | SALESMAN | SALES | 30 |
| ADAMS | CLERK | RESEARCH | 20 |
| JAMES | CLERK | SALES | 30 |
| FORD | ANALYST | RESEARCH | 20 |
| MILLER | CLERK | ACCOUNTING | 10 |

## 8.2.14 Sentencias subordinadas

Ya se ha visto al describir el uso de predicados que dentro de una sentencia SELECT pueden especificarse otras. Se dice entonces que estas son sentencias subordinadas a la primera.

Las sentencias subordinadas pueden especificarse en las cláusulas WHERE y HAVING, como parte de los predicados siguientes:

- Predicados básicos.
- Predicados cuantificados (ANY, SOME, ALL).
- Predicado EXISTS.
- Predicado IN.

Una sentencia subordinada de otra puede tener a su vez otras sentencias subordinadas a ella. Llamamos sentencia **externa** a la primera de todas, la que no es subordinada de ninguna. Una sentencia es **antecedente** de otra cuando esta es su subordinada directa o subordinada de sus subordinadas a cualquier nivel.

A las sentencias subordinadas suele llamárselas **anidadas**. Puede haber hasta quince niveles de anidamiento.

## 8.2.15 Consultas correlacionadas

En las sentencias anidadas vistas hasta ahora, estas no hacen referencia a columnas de tablas que no estén en su propia cláusula FROM. Esto significa que el resultado de la sentencia subordinada puede evaluarse independientemente de sus sentencias antecedentes de cualquier nivel. El SGBDR las evalúa una sola vez y reemplaza los valores resultantes en el predicado donde se encuentre.

En las sentencias correlacionadas no ocurre así. Se llaman correlacionadas las sentencias subordinadas en las que se especifica alguna columna de una tabla mencionada en la cláusula FROM de alguna de sus sentencias antecedentes.

De esta forma, una sentencia correlacionada no puede evaluarse independientemente de sus antecedentes, pues su resultado puede cambiar, según que filas se consideren en la evaluación de estas en cada momento. El SGBD, por tanto, las evaluará múltiples veces.

### Predicado EXISTS

Formato:

```
[NOT] EXISTS (subselect)
```

Donde *subselect* es una sentencia SELECT subordinada que puede tener cualquier número de columnas.

Es "Verdadero" si el resultado de la sentencia SELECT subordinada es una tabla con una o más filas. Es "Falso" si es una tabla vacía. No puede tomar el valor "Desconocido".

**Ejemplos:**

El ejemplo n° 23 (Nombres de los empleados que trabajan en Chicago).

```
SELECT ENAME
FROM EMP
WHERE DEPTNO IN (SELECT DEPTNO
                 FROM DEPT
                 WHERE LOC = 'CHICAGO');

ENAME
_____

ALLEN
WARD
MARTIN
BLAKE
TURNER
JAMES
```

Resuelto mediante el uso del predicado EXISTS:

48. Nombres de los empleados que trabajan en Chicago.

```
SELECT ENAME
FROM EMP E
WHERE EXISTS (SELECT *
             FROM DEPT D
             WHERE E.DEPTNO = D.DEPTNO
               AND LOC = "CHICAGO");

ENAME
_____

ALLEN
WARD
MARTIN
BLAKE
TURNER
JAMES

(6 filas afectadas)
```

49. Visualice el número de los departamentos que tengan más de tres empleados asignados.

```
SELECT DISTINCT DEPTNO
FROM EMP E1
WHERE 3 < (SELECT COUNT (*)
           FROM EMP E2
            WHERE E1.DEPTNO = E2.DEPTNO);


DEPTNO
───────

20
30
```

50. Listar el nombre de los empleados que ganan menos que sus supervisores.

```
SELECT ENAME
FROM EMP E1
WHERE SAL < (SELECT SAL
             FROM EMP E2
              WHERE E2.ENO = E1.MGR);


ENAME
───────

SMITH
ALLEN
WARD
JONES
MARTIN
BLAKE
CLARK
TURNER
ADAMS
JAMES
MILLER
```

## 8.3 EJERCICIOS

51. Seleccionar el nombre y fecha de ingreso del empleado que lleva más tiempo.

```
SELECT ENAME, HIREDATE
FROM EMP
WHERE HIREDATE = (SELECT MIN (HIREDATE)
                    FROM EMP);


ENAME      HIREDATE

___ _____._____._____.

SMITH      1980-12-17
```

52. Mostrar el nombre, el trabajo y el salario de todos los empleados que tienen un salario superior al salario más bajo del departamento 30.

```
SELECT ENAME, JOB, SAL
FROM EMP
WHERE SAL > (SELECT MIN(SAL) FROM EMP WHERE DEPTNO = 30)
ORDER BY 3 DESC;


ENAME      JOB           SAL

_____.____._____

KING       PRESIDENT     5000
SCOTT      ANALYST       3000
FORD       ANALYST       3000
JONES      MANAGER       2975
BLAKE      MANAGER       2850
CLARK      MANAGER       2450
ALLEN      SALESMAN      1600
TURNER     SALESMAN      1500
MILLER     CLERK         1300
WARD       SALESMAN      1250
MARTIN     SALESMAN      1250
ADAMS      CLERK         1100
```

53. Encontrar el ename, dname, job y sal de los empleados que trabajen en el mismo departamento que 'TURNER' y su salario sea mayor que la media del salario del departamento 30.

```
SELECT ENAME, DNAME, JOB, SAL
FROM EMP, DEPT
WHERE EMP.DEPTNO = DEPT.DEPTNO
   AND EMP.DEPTNO = (SELECT DEPTNO
                     FROM EMP
                     WHERE ENAME = 'TURNER')
   AND SAL > (SELECT AVG(SAL)
             FROM EMP
             WHERE DEPTNO = 30);
```

| ENAME | DNAME | JOB | SAL |
|-------|-------|-----|-----|
| ALLEN | SALES | SALESMAN | 1600 |
| BLAKE | SALES | MANAGER | 2850 |

54. Indíquese si las siguientes sentencias son correctas, si no lo son, indique en qué consiste el error:

```
SELECT * FROM EMP
WHERE MGR = NULL;

SELECT * FROM DEPT
WHERE DEPTNO = 20 OR WHERE DEPTNO = 30;

SELECT * FROM EMP
WHERE NOT ENAME LIKE 'R%'
   AND SAL BETWEEN 3000 AND 5000;

SELECT * FROM EMP
WHERE SAL < 4000 AND JOB NOT = 'ANALYST';

SELECT * FROM DEPT
WHERE LOC = 'DALLAS' OR 'CHICAGO';
```

55. Listar el nombre, trabajo, departamento, localidad y salario de aquellos empleados que tengan un salario mayor de 2000 y trabajen en 'DALLAS' o 'NEW YORK'.

```
SELECT ENAME, JOB, EMP.DEPTNO, LOC,
SAL FROM EMP, DEPT
WHERE EMP.DEPTNO = DEPT.DEPTNO
   AND SAL > 2000
   AND LOC IN ('DALLAS', 'NEW YORK');
```

| ENAME | JOB | DEPTNO | LOC | SAL |
|-------|-----|--------|-----|-----|
| JONES | MANAGER | 20 | DALLAS | 2975 |
| CLARK | MANAGER | 10 | NEW YORK | 2450 |
| SCOTT | ANALYST | 20 | DALLAS | 3000 |
| KING | PRESIDENT | 10 | NEW YORK | 5000 |
| FORD | ANALYST | 20 | DALLAS | 3000 |

## 8.3.1 Composición de consultas

### Cláusula UNION [ALL]

La composición de consultas consiste en fundir el resultado de varias sentencias SELECT en una única tabla resultante.

Formato:

```
SELECT...
FROM...
.
.
.
UNION [ALL] SELECT...
FROM...
.
.
.
[UNION [ALL] SELECT...
FROM...
.
.
.
]
```

Los resultados de la ejecución de cada una de las sentencias SELECT de la unión se mostrarán en una única tabla resultante.

Características:

► Cada una de las consultas es independiente de las demás. En una sentencia SELECT no puede haber referencias a tablas ni a columnas de otra sentencia SELECT de la unión.

► Todas las sentencias SELECT deben tener el mismo número de columnas y sus dominios deben ser compatibles.

► Si no se especifica la cláusula ALL tras UNION, la tabla resultante no tendrá filas repetidas. Si se especifica UNION ALL, se mostrarán en la tabla resultante todas las filas de cada una de las sentencias SELECT, incluidas las filas que ya hubieran resultado de otra sentencia SELECT de la unión.

► No pueden realizarse ordenaciones parciales para cada sentencia SELECT. De existir una cláusula ORDER BY, esta debe ser la última de la unión y la referencia a la(s) columna(s) por las que se debe ordenar ha de ser obligatoriamente numérica.

► No se puede agrupar la unión. Si se hacen consultas con agrupamiento, los agrupamientos deben ser para cada consulta de la unión.

## Ejemplos:

Obtener los nombres de todas las ciudades que aparecen en la tabla de vuelos, ordenados alfabéticamente.

```
SELECT origen
FROM vuelos
UNION
SELECT destino
FROM vuelos
ORDER BY 1
```

Obtener en una sola columna el nombre de todas las ciudades origen de un vuelo y el de las que son su destino. Una misma ciudad puede aparecer como origen y como destino.

```
SELECT DISTINCT origen
FROM vuelos
UNION ALL
SELECT DISTINCT destino
FROM vuelos
```

Obtener en dos columnas, para cada ciudad que es origen, el número de vuelos que salen de ella y luego para cada una que es destino, el número de vuelos que recibe.

```
SELECT origen, COUNT (*)
FROM vuelos
GROUP BY origen
UNION
SELECT destino, COUNT (*)
FROM vuelos
GROUP BY destino
```

## 8.3.2 Creación de vistas

```
CREATE VIEW nombre_vista
AS
Sentencia SELECT sin ORDER BY
[WITH CHECK OPTION]
```

La ejecución de una sentencia CREATE VIEW crea una tabla vista (una tabla virtual) cuyo contenido será el resultado de ejecutar la sentencia SELECT que genera la vista.

## 8.4 INSERCIÓN, MODIFICACIÓN Y BORRADO DE INFORMACIÓN

Inserción de filas en tablas:

```
INSERT [INTO] { nombre_tabla | nombre_vista } [(lista columnas)]
{ VALUES (expresión [, expresión ]...) | sentencia_SELECT }
```

Modificación de valores en tablas:

```
UPDATE { nombre_tabla | nombre_vista }
SET nombre_columna1 = { expresión1 | NULL | sentencia_SELECT }
[, nombre_columna2 = { expresión2 | NULL | sentencia_SELECT } ]...
[ WHERE condiciones_de_búsqueda ]
```

Borrado de filas en tablas:

```
DELETE [FROM] { nombre_tabla | nombre_vista }
[WHERE condiciones_de_búsqueda ]
```

## Ejemplos:

Crear una tabla con las columnas origen, destino, num_vuelo y distancia, semejantes a las de la tabla vuelos.

```
CREATE TABLE vuelos_2
(num_vuelo char (6)  NOT NULL,
origen      char (15),
destino     char (15)
distancia   real     NULL
);
```

Crear un índice único sobre la tabla creada, para la columna num_vuelo.

```
CREATE UNIQUE INDEX ix_vuelos_2 ON vuelos_2 (num_vuelo);
```

Insertar en la tabla creada todas las informaciones que hay en la tabla vuelos, de los realizados desde 'MADRID', 'BARCELONA', 'SEVILLA', 'BILBAO' o 'MALAGA'.

```
INSERT INTO vuelos_2
SELECT num_vuelo, origen, destino, distancia
FROM vuelos
WHERE origen IN
('MADRID','BARCELONA','SEVILLA','BILBAO','MALAGA');
```

Insertar en la tabla creada el vuelo IB9999 entre Madrid y Barcelona.

```
INSERT INTO vuelos_2 (num_vuelo, origen, destino)
VALUES ('IB9999', 'MADRID','BARCELONA');
```

Modificar el destino del vuelo IB9999, que pasará a ser el del vuelo IB327.

```
UPDATE vuelos_2
SET destino = (SELECT destino from vuelos
               WHERE num_vuelo = 'IB327')
WHERE num_vuelo = 'IB9999';
```

Modificar, dividiendo por 10, las distancias de los vuelos.

```
UPDATE vuelos_2
SET distancia = distancia / 10;
```

Borrar las filas cuya distancia sea mayor que la media de las distancias de los vuelos realizados por Iberia.

```
DELETE vuelos_2
WHERE distancia > (SELECT AVG (distancia)
                   FROM vuelos_2
                   WHERE num_vuelo LIKE 'IB%');
```

Modificar la columna distancia dejándola nula para todas las filas.

```
UPDATE vuelos_2
SET distancia = NULL;
```

Borrar los vuelos con origen en Madrid.

```
DELETE vuelos_2
WHERE origen = 'MADRID';
```

Borra todas las filas.

```
DELETE vuelos_2;
```

Borrar el índice y la tabla creados.

```
DROP INDEX vuelos_2.ix_vuelos_2;
DROP TABLE vuelos_2;
```

## 8.4.1 Inserción, modificación y borrado de información en vistas

Crear una tabla con las columnas origen, destino, distancia y num_vuelo semejantes a las de la tabla vuelos, permitiendo que la distancia sea nula.

```
CREATE TABLE vuelos_2 (
num_vuelo     char (6)     NOT NULL,
origen        char (15)    NOT NULL,
destino       char (15)    NOT NULL,
distancia     integer      NULL
);
```

Crear un índice único sobre la tabla creada, para la columna num_vuelo.

```
CREATE UNIQUE INDEX ix_v2 ON vuelos_2 (num_vuelo);
```

Crear una vista con las columnas num_vuelo y origen de la tabla creada para los vuelos de Iberia.

```
CREATE VIEW vista_1
AS
SELECT num_vuelo, origen
FROM vuelos_2
WHERE num_vuelo LIKE 'IB%';
```

Crear una vista con las columnas origen, num_vuelo y destino de la tabla creada para los vuelos con origen o destino en Madrid.

```
CREATE VIEW vista_2
AS
SELECT num_vuelo, origen, destino
FROM vuelos_2
WHERE origen = 'MADRID' OR destino = "MADRID";
```

Intentar insertar una fila con cada una de las vistas creadas, dando valores a cada una de las columnas de la vista empleada para insertar.

```
INSERT INTO vista_1
VALUES ('IB0000', 'MADRID');
```

La sentencia anterior produce un error puesto que la columna destino en la tabla vuelos_2, sobre la que está definida la vista, no admite nulos.

```
INSERT INTO vista_2
VALUES ('IB0001', 'MADRID','BARCELONA');
```

La sentencia anterior inserta una fila en la tabla vuelos_2 (a través de la vista vista_2). La columna distancia queda con valor NULL.

## Cláusula WITH CHECK OPTION

La sentencia:

```
INSERT INTO vista_2
VALUES ('IB0002', 'BARCELONA', 'SEVILLA');
```

Inserta en la tabla vuelos_2 la fila:

```
('IB0002', 'BARCELONA', 'SEVILLA', NULL)
```

pero al consultar la vista vista_2 esa fila insertada en la vista no aparece como resultado.

La cláusula WITH CHECK OPTION evita que se inserten en la vista filas que no cumplen su definición. Por lo tanto, si la vista vista_2 se hubiese creado con esa cláusula la sentencia anterior habría fallado.

Borrar todas las filas.

```
DELETE vuelos_2;
```

Borra todas las filas de la vista Borrar las vistas, el índice y la tabla.

```
DROP VIEW vista_1;
DROP VIEW vista_2;
DROP INDEX vuelos_2.ix_v2;
DROP TABLE vuelos_2;
```

## 8.5 SEGURIDAD

### 8.5.1  Sentencias GRANT y REVOKE

```
GRANT {ALL | lista_permisos}
ON {nombre_tabla [(lista_columnas)] | nombre_vist
 [(lista_columnas)] }
TO {PUBLIC | lista_usuarios }
[WITH GRANT OPTION]

REVOKE {ALL | lista_permisos}
ON {nombre_tabla [(lista_columnas)] | nombre_vista
[(lista_columnas)] }
FROM {PUBLIC | lista_usuarios }
[CASCADE]
```

lista_permisos:

```
SELECT, INSERT, UPDATE, DELETE
```

# 9

## PROCESAMIENTO DE TRANSACCIONES

### 9.1 EL PROBLEMA

Garantizar la consistencia de la base de datos a pesar de los fallos del sistema y de la ejecución concurrente.

### 9.1.1 Concepto

Concepto introducido para dar solución a los problemas de recuperación y concurrencia.

Una transacción es una secuencia de operaciones llevadas a cabo como una unidad lógica de trabajo simple. Una unidad lógica de trabajo simple debe exhibir cuatro propiedades: Atomicidad, Consistencia, Aislamiento y Durabilidad (perdurabilidad)[4].

### 9.1.2 Propiedades de las transacciones

▼ **Atomicidad**: una transacción debe ser una unidad atómica de trabajo: o todas sus operaciones se llevan a cabo o no se realiza ninguna de ellas.

___

4   La bibliografía suele referirse a estas propiedades como las propiedades ACID, por sus siglas en inglés (*Atomicity, Consistency, Isolation, Durability*). Es frecuente también encontrar referencias a la "*acidity*" de una transacción.

▶ **Consistencia**: cuando termina, una transacción debe dejar la base de datos en un estado consistente. (Suponiendo que está ejecutándose de forma aislada, sin otras transacciones concurrentes).

La verificación de la consistencia es responsabilidad del control semántico.

Asegurar la consistencia es responsabilidad de los mecanismos de control de concurrencia.

▶ **Aislamiento**: las modificaciones realizadas por una transacción deben aislarse de las modificaciones llevadas a cabo por otras posibles transacciones concurrentes. Una transacción debe ver los datos en el estado en el que estaban antes de que cualquier otra transacción concurrente los modificara o bien los ve tras su modificación, pero nunca en un estado intermedio.

El aislamiento es una propiedad de las transacciones por la cual una transacción ve en todo momento la base de datos en un estado consistente. Una transacción en ejecución no hace visibles sus datos a otras transacciones concurrentes hasta que no termina y hace permanentes sus cambios.

▶ **Durabilidad**: una vez que la transacción ha terminado con éxito, sus efectos deben hacerse permanentes en la base de datos. Las modificaciones deben persistir incluso en el caso de un fallo del sistema.

El SGBD garantiza que los resultados de las transacciones que han terminado sobrevivirán a posibles fallos posteriores del sistema. Aquí se enlaza con el problema de la recuperación de la base de datos: cómo recuperar la base de datos a un estado consistente previo a la caída o fallo del sistema, donde se asegure la durabilidad de las transacciones que han terminado y las transacciones no terminadas se aborten (es decir, se garantice la atomicidad).

Los programadores son los responsables de establecer el inicio y el final de cada transacción en puntos que hagan cumplir la consistencia lógica de los datos. El programador debe definir la secuencia de modificaciones de datos que dejen los datos en un estado consistente acorde con las reglas de negocio de la empresa. En cualquier caso, como ya se ha estudiado en temas anteriores, el SGBD pone a disposición de administrador mecanismos para hacer cumplir esas reglas, de modo que la verificación de la consistencia lógica de los datos es responsabilidad de los mecanismos de control semántico del SGBD. El programador incluye esas sentencias de modificación de datos en una única transacción de modo que el gestor pueda asegurar la integridad física de la transacción.

Es responsabilidad del SGBD proporcionar los mecanismos que hagan que garanticen la integridad física de cada transacción:

▶ Facilidades que protejan el aislamiento de las transacciones.

▶ Facilidades de registro que aseguren la durabilidad de las transacciones. Si la ejecución de la transacción es interrumpida por cualquier tipo de fallo, el SGBD es el responsable de determinar qué hacer con la transacción una vez recuperado del fallo:

  • Terminar la transacción (hacer lo que queda por hacer).
  • Abortarla (deshacer lo que se haya hecho).

▶ Incluso si el *hardware*, el sistema operativo, o el propio SGBD falla, el gestor usa estos registros para terminar, o recuperar automáticamente las transacciones no terminadas y dejar la base de datos en un estado consistente previo a la caída.

Características de gestión de transacciones que garantizan la atomicidad y la consistencia de las transacciones. Una vez que la transacción ha comenzado, esta debe ser completada con éxito o el gestor deshace todas las modificaciones de datos realizadas por esta desde el comienzo de la transacción.

Estados de una transacción:

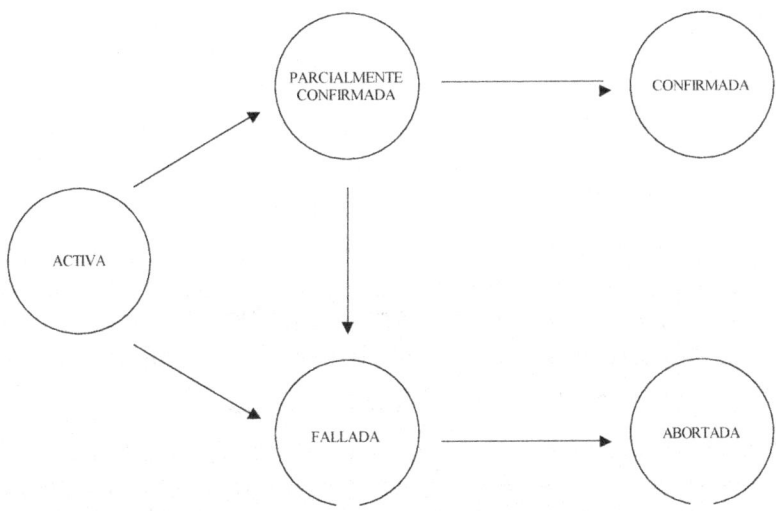

Diagrama de estados de una transacción

### Estados

▸ **Activo**: estado inicial. Una transacción entra en estado activo cuando se ejecuta su primera instrucción.

▸ **Parcialmente confirmado**: después de que se haya ejecutado la última sentencia de la transacción.

▸ **Fallado**: después de descubrir que no puede proceder la ejecución normal.

▸ **Abortado**: la transacción ha retrocedido y se ha restaurado la base de datos al estado en que estaba antes de la transacción.

▸ **Confirmado**: (terminación con éxito) se ha confirmado parcialmente y se garantiza que nunca se abortará.

## 9.2 CONTROL DE LAS TRANSACCIONES

### 9.2.1 Definición de transacción en SQL

SQL soporta las transacciones de base de datos mediante dos sentencias de procesamiento de transacciones SQL:

```
COMMIT [TRAN | WORK]
ROLLBACK [TRAN | WORK]
```

La sentencia COMMIT señala el final con éxito de una transacción. Informa al SGBD que la transacción ha finalizado, que todas sus sentencias se han ejecutado y que la base de datos se encuentra de nuevo en un estado consistente.

La sentencia ROLLBACK indica el final sin éxito de una transacción. Informa al SGBD que el usuario no desea completar la transacción y que el SGBD debe retroceder y *deshacer* los cambios efectuados sobre la base de datos durante el procesamiento de la transacción. El SGBD restaura la base de datos al estado consistente previo al comienzo de la transacción.

Las aplicaciones controlan las transacciones principalmente indicando cuándo comienza una transacción y cuándo termina. El sistema también debe ser capaz de manejar correctamente los errores producidos por una transacción que termina antes de completar todas sus operaciones.

## 9.2.2 Inicio de transacciones

**Tipos**

▶ **Transacciones explícitas**

Comienzan explícitamente emitiendo una sentencia BEGIN TRANSACTION.

▶ **Auto confirmación (Auto commit)**

Cada sentencia SQL individual es confirmada cuando termina. No son necesarias sentencias adicionales para el control de la transacción.

▶ **Implícitas**

La siguiente sentencia comienza automáticamente una nueva transacción. Cuando una transacción termina, la siguiente sentencia SQL comienza una nueva transacción.

## 9.2.3 Finalización de transacciones

Las transacciones pueden finalizarse mediante una sentencia COMMIT o una sentencia ROLLBACK.

▶ COMMIT

Si la transacción termina con éxito, se confirma. La sentencia COMMIT garantiza que todas las modificaciones llevadas a cabo por la transacción se hacen permanentes en la base de datos. COMMIT también libera los recursos, como aquellos necesarios para garantizar el aislamiento, usados por la transacción.

Señala el término exitoso de la transacción: le dice al gestor de transacciones que se ha finalizado con éxito una unidad lógica de trabajo, que la base de datos está (o debería estar) de nuevo en un estado consistente y que se pueden hacer permanentes todas las modificaciones efectuadas por esa unidad de trabajo.

▶ ROLLBACK

Si ocurre algún error durante el procesamiento de la transacción, o si el usuario decide cancelarla, se aborta la transacción. Una sentencia ROLLBACK deshace todas las modificaciones llevadas a cabo por la transacción devolviendo los valores de los datos al estado previo al comienzo de la transacción. También libera los recursos retenidos por la transacción.

Señala el término no exitoso de la transacción: dice al gestor de transacciones que algo salió mal, que la base de datos podría estar en un estado inconsistente, y que todas las modificaciones efectuadas hasta el momento por la unidad lógica de trabajo deben "retroceder" o anularse.

## 9.3 MODELOS DE TRANSACCIÓN

### 9.3.1 El modelo del transacción ANSI/ISO

El estándar SQL ANSI/ISO define un *modelo de transacción* SQL y los papeles de las sentencias COMMIT y ROLLBACK. Especifica un lenguaje SQL programado (SQL embebido) para utilizarlo en programas de aplicación. Las transacciones juegan un papel importante en SQL programado, ya que incluso un sencillo programa de aplicación necesita con frecuencia efectuar una secuencia de dos o tres sentencias SQL para completar una operación. Debido a que pueden producirse condiciones como que el usuario cambie de intención u otras que impidan la terminación exitosa de la secuencia, el programa de aplicación debe ser capaz de realizar parte de una transacción y luego elegir entre continuar o abortar. Las sentencias COMMIT y ROLLBACK proporcionan esta capacidad. Este modelo está basado en el gestor DB2 de IBM y es el empleado por la mayoría de los SGBD comerciales. El estándar especifica que una transacción SQL comienza automáticamente con la primera sentencia SQL ejecutada por un usuario o programa (transacciones implícitas). La transacción continúa con las sentencias SQL subsiguientes hasta que finaliza de uno de los siguientes modos posibles:

- Una sentencia COMMIT finaliza la transacción con éxito haciendo que los cambios a la base de datos sean permanentes. Una nueva transacción comienza inmediatamente después de la sentencia COMMIT.

- Una sentencia ROLLBACK aborta la transacción, deshaciendo las modificaciones que haya efectuado a la base de datos. Una nueva transacción comienza inmediatamente después de la sentencia ROLLBACK.

- La terminación de un programa con éxito (para SQL embebido) también finaliza la transacción correctamente, de la misma forma que si se hubiese ejecutado una sentencia COMMIT. Puesto que el programa está finalizado, no hay ninguna nueva transacción que comenzar.

⊳ La terminación anormal del programa (SQL embebido) también aborta la transacción, del mismo modo que si se hubiese ejecutado una sentencia ROLLBACK. Puesto que el programa está finalizado, no hay ninguna nueva transacción que comenzar.

Obsérvese que bajo el modelo ANSI/ISO, el usuario o programa está siempre en una transacción.

Las sentencias COMMIT y ROLLBACK también pueden ser utilizadas en SQL interactivo, pero en la práctica, rara vez se ven en este contexto. SQL interactivo es utilizado generalmente en consultas *ad hoc* a la base de datos. Las actualizaciones son menos comunes y las actualizaciones multisentencia casi nunca se efectúan escribiendo las sentencias en una facilidad SQL interactiva. Por lo tanto, en SQL interactivo, las transacciones son una preocupación menor. La mayoría de los productos de SQL interactivo trabajan por defecto en modo auto confirmación, de modo que cada sentencia SQL interactiva es su propia transacción.

## 9.3.2 Otros modelos de transacciones

Algunos productos SQL comerciales se apartan del modelo de transacción ANSI/ISO y DB2 para proporcionar capacidades adicionales de procesamiento de transacciones.

Sybase, por ejemplo, está diseñado para el procesamiento de transacciones en línea. SQL Server utiliza el modelo de transacción de Sybase. La versión 7 incorporó también soporte para transacciones implícitas.

El dialecto Transact-SQL, utilizado por Sybase y SQL Server incluye cuatro sentencias de procesamiento de transacciones:

⊳ La sentencia BEGIN TRANSACTION señala el comienzo de una transacción. A diferencia del modelo de transacción ANSI/ISO, que comienza de forma implícita una transacción cuando termina la anterior, Sybase requiere una sentencia explícita para comenzar una transacción.

⊳ Una sentencia COMMIT finaliza la transacción con éxito haciendo que los cambios a la base de datos sean permanentes. A diferencia del modelo ANSI/ISO no comienza una nueva transacción.

⊳ La sentencia SAVE TRANSACTION establece un *punto de guarda* a mitad de una transacción. Sybase guarda el estado de la base de datos en un punto actual de la transacción y le asigna al estado guardado un *nombre de punto de guarda*, especificado en la sentencia.

▶ La sentencia ROLLBACK TRANSACTION tiene dos funciones. Si se indica un nombre de punto de guarda en la sentencia ROLLBACK, Sybase deshace los cambios efectuados en la base de datos desde el punto de guarda especificado, deshaciendo los cambios hasta el punto donde la sentencia SAVE TRANSACTION fue ejecutada. Si no hay ningún punto de guarda, la sentencia ROLLBACK deshace todos los cambios efectuados desde la sentencia BEGIN TRANSACTION.

El modelo de transacción de Sybase y los puntos de guarda son especialmente útiles en transacciones complejas que contienen muchas sentencias. El programa de aplicación puede guardar periódicamente su estado a medida que progresa la transacción, estableciendo puntos de guarda. Si durante el procesamiento se produce algún problema, el programa de aplicación no tiene que abortar la transacción completa, pudiendo retroceder hasta cualquiera de los puntos de guarda y continuar desde allí.

Todas las operaciones efectuadas sobre la base de datos antes del punto de guarda permanecen en efecto. Las efectuadas desde el punto de guarda son deshechas por la operación de marcha atrás.

No obstante, la transacción completa sigue siendo la unidad lógica de trabajo para Sybase, como lo es para el modelo ANSI/ISO. Si se produce un fallo del sistema o del hardware durante el procesamiento de una transacción, la transacción entera es abortada. Los puntos de guarda, por tanto, son una conveniencia para el programa de aplicación, pero no un cambio fundamental respecto al modelo ANSI/ISO.

El uso explícito de una sentencia BEGIN TRANSACTION es, sin embargo, una desviación significativa del modelo ANSI/ISO. Las sentencias SQL que se ejecutan *fuera de una transacción* (es decir, las sentencias que no aparecen entre un par de sentencias BEGIN/COMMIT o BEGIN/ROLLBACK) son manejadas en modo *auto confirmación*. Cada sentencia se confirma cuando se ejecuta y no hay modo de deshacer la sentencia una vez que se ha ejecutado con éxito.

Sybase prohíbe explícitamente el uso de ciertas sentencias dentro de una transacción, incluyendo las que alteran la estructura de una base de datos (CREATE TABLE, ALTER TABLE, DROP TABLE, entre otras), las que modifican las opciones de seguridad de la base de datos (GRANT y REVOKE) y las que crean tablas temporales. Estas sentencias deben ejecutarse fuera de una transacción Sybase. Esta restricción hace que el modelo de transacción sea más fácil de implementar ya que asegura que el esquema de la base de datos no puede cambiar durante una transacción. En el modelo ANSI/ISO, por el contrario, la estructura de la base de datos puede ser alterada por una transacción, y el SGBD debe ser capaz de deshacer todas las operaciones si la transacción aborta por la razón que sea.

## 9.4 TRANSACCIONES Y PROCESAMIENTO MULTIUSUARIO

Cuando dos o más usuarios acceden concurrentemente a una base de datos, el procesamiento de transacciones adquiere una nueva dimensión. Ahora el SGBD no solo debe recuperarse adecuadamente de los fallos del sistema, sino que también debe asegurarse de que las operaciones de los usuarios o aplicaciones no interfieren unas con otras. Idealmente, cada usuario debería poder acceder a la base de datos como si tuviera acceso exclusivo a ella, sin preocuparse de las acciones del resto de los usuarios. El modelo de transacción debe aislar a los usuarios, unos de otros. Esto se logra mediante diferentes mecanismos que se conocen como *esquemas de control de concurrencia*.

## 9.5 PLANIFICACIONES

Cuando se ejecutan varias transacciones de manera concurrente, la consistencia de la base de datos puede destruirse aun cuando cada una de las transacciones individuales sea correcta.

### 9.5.1 Planificaciones en serie y en paralelo

Sean las transacciones T0, que transfiere 50.000 euros de la cuenta A a la cuenta B, y T1 que transfiere el 10% del contenido de la cuenta A a la cuenta B. Los valores iniciales de las cuentas son: A = 100000 y B = 200000.

```
T0:   leer (A)
      A := A-50000
      escribir (A) leer (B)
      B := B + 50000
      escribir (B)

T1:   leer (A)
      temp := A * 0.1
      A := A–temp
      escribir (A)
      leer (B)
      B := B + temp
      escribir (B)
```

Si se ejecutan secuencialmente en el orden T0 seguida de T1, el orden de ejecución de las instrucciones sería:

| $T_0$ | $T_1$ |
|---|---|
| leer (A) | |
| A := A-50000 | |
| escribir (A) | |
| leer (B) | |
| B := B + 50000 | |
| escribir (B) | |
| | leer (A) |
| | temp := A * 0.1 |
| | A := A - temp |
| | escribir (A) |
| | leer (B) |
| | B := B + temp |
| | escribir (B) |

Planificación 1

Si se ejecutan secuencialmente en el orden T1 seguida de T0, la planificación correspondiente sería:

| $T_0$ | $T_1$ |
|---|---|
| | leer (A) |
| | temp := A * 0.1 |
| | A := A - temp |
| | escribir (A) |
| | leer (B) |
| | B := B + temp |
| | escribir (B) |
| leer (A) | |
| A := A-50000 | |
| escribir (A) | |
| leer (B) | |
| B := B + 50000 | |
| escribir (B) | |

Planificación 2

Las secuencias de ejecución anteriores se denominan *planificaciones* y representan el orden cronológico en que se ejecutan las instrucciones en el sistema. Cualquier planificación válida debe constar de todas las instrucciones de la transacción y en el mismo orden.

Las planificaciones anteriores se denominan planificaciones en serie, ya que se ejecutan todas las instrucciones de una transacción y a continuación las instrucciones de la otra transacción.

Evidentemente, las planificaciones en serie siempre dejan la base de datos en un estado consistente.

Para un conjunto de $n$ transacciones existen $n!$ planificaciones en serie posibles. Cuando se ejecutan varias transacciones concurrentemente, no es preciso que la planificación esté en serie, luego el número de planificaciones posibles es mucho mayor que $n!$.

Para el ejemplo anterior, si las dos transacciones se ejecutan concurrentemente, una posible planificación sería:

| $T_0$ | $T_1$ |
|---|---|
| leer (A) | |
| A := A-50000 | |
| escribir (A) | |
| | leer (A) |
| | temp := A * 0.1 |
| | A := A - temp |
| | escribir (A) |
| leer (B) | |
| B := B + 50000 | |
| escribir (B) | |
| | leer (B) |
| | B := B + temp |
| | escribir (B) |

Planificación 3

No todas las planificaciones concurrentes son correctas. Por ejemplo, la siguiente planificación deja la base de datos en un estado inconsistente:

| $T_0$ | $T_1$ |
|---|---|
| leer (A)<br>A := A-50000 | |
| | leer (A)<br>temp := A * 0.1<br>A := A - temp<br>escribir (A)<br>leer (B) |
| escribir (A)<br>leer (B)<br>B := B + 50000<br>escribir (B) | |
| | B := B + temp<br>escribir (B) |

Planificación 4

La inconsistencia temporal que se debe permitir en el procesamiento de las transacciones es la causa de la inconsistencia en las planificaciones concurrentes. Una planificación, después de su ejecución debe dejar la base de datos en un estado consistente. La planificación debe ser, de alguna forma, equivalente a una planificación en serie. A esta característica se la denomina *serializabilidad*. Dicho de otra forma, la serializabilidad de una planificación garantiza que la ejecución de esa planificación asegura la consistencia de la base de datos.

Como las transacciones son programas, computacionalmente es difícil determinar las operaciones que una transacción realiza sobre los datos y cómo interactúa con las operaciones de otra transacción.

Desde el punto de vista de una planificación, las únicas operaciones significativas de una transacción son las operaciones **leer** y **escribir**. Entre dos operaciones leer (X) y escribir (X), una transacción puede realizar cualquier secuencia de operaciones.

De este modo, la planificación 3 quedaría de la siguiente forma:

| $T_0$ | $T_1$ |
|---|---|
| leer (A) | |
| escribir (A) | |
| | leer (A) |
| | escribir (A) |
| leer (B) | |
| escribir (B) | |
| | leer (B) |
| | escribir (B) |

Estudiaremos a continuación los problemas que resultan si las transacciones concurrentes no se manejan adecuadamente. Aunque pueden aparecer en muchos modos diferentes, son cuatro los problemas fundamentales que pueden ocurrir.

## 9.5.2 Cuatro problemas de la concurrencia

Si no está disponible un mecanismo que garantice el aislamiento y múltiples usuarios acceden concurrentemente a la base de datos, pueden darse cuatro problemas si sus transacciones usan los mismos datos al mismo tiempo. Esos problemas son:

- Problema de la modificación perdida.
- Dependencia no confirmada o lectura "sucia". (Datos no confirmados).
- Análisis inconsistente o lectura no repetible. (Datos inconsistentes).
- Lectura fantasma. (Inserción fantasma).

### Problema de la modificación perdida

Surge cuando dos o más transacciones acceden a la misma fila y modifican su valor basándose en el valor original de la misma. Como cada transacción ignora la existencia del resto de las transacciones, la última modificación sobrescribe las modificaciones realizadas por las otras transacciones.

**Ejemplo:**

| T₁ | T₂ |
|---|---|
| begin transaction | begin transaction |
| leer (R) | |
| | leer (R) |
| escribir (R) | |
| | escribir (R) |
| | |
| commit transaction | |
| | commit transaction |

La modificación de T1 se pierde en t4 porque la transacción T2 la sobrescribe.

## Lectura "sucia" (Recuperabilidad. Planificaciones recuperables)

Ocurre cuando una transacción modifica una fila y una segunda transacción lee esa fila antes de que la primera transacción confirme el cambio. Si la primera transacción retrocede y deshace el cambio, la información leída por la segunda transacción se vuelve incorrecta.

**Ejemplo:**

| T₁ | T₂ |
|---|---|
| begin transaction | begin transaction |
| update cuenta set balance=balance-100 where numcuenta=25 | |
| | select sum(balance) from cuenta where numcuenta < 50 |
| | commit transaction |
| update cuenta set balance=balance+100 where numcuenta=45 commit transaction | |

| T₃ | T₄ |
|---|---|
| begin transaction | begin transaction |
| update cuenta set balance=balance-100 where numcuenta=25 | |
| | select sum(balance) from cuenta where numcuenta < 50 |
| | commit transaction |
| rollback transaction | |

Si la transacción T4 consulta la tabla después de que T3 la modifique, pero antes de que deshaga el cambio, la cantidad calculada por T4 se diferencia en 100.

## Lectura no repetible

Las "lecturas no repetibles" ocurren cuando una transacción lee una fila y una segunda transacción modifica esa fila. Si la segunda transacción confirma ese cambio, las siguientes lecturas de la primera transacción producen resultados diferentes al de la primera lectura.

## Ejemplo:

| $T_5$ | $T_6$ |
|---|---|
| begin transaction | begin transaction |
| select balance from cuenta where numcuenta=25 | |
| | update cuenta set balance=balance – 100 where numcuenta=25 |
| | commit transaction |
| select balance from cuenta where numcuenta=25 | |
| commit transaction | |

Si T6 modifica y confirma el cambio en la tabla *cuenta* después de la primera consulta de T5, pero antes de la segunda, las dos consultas de T5 producen diferentes resultados.

## Inserción fantasma

Se produce cuando una transacción lee un conjunto de filas que satisfacen una condición de búsqueda y después, una segunda transacción modifica los datos (por medio de una sentencia insert, update o delete). Si la primera transacción repite la lectura con las mismas condiciones de búsqueda, obtiene un conjunto diferente de filas.

**Ejemplo:**

| $T_5$ | $T_6$ |
|---|---|
| begin transaction | begin transaction |
| select *<br>from cuenta<br>where numcuenta < 25 | |
| | insert into cuenta<br>(numcuenta, balance)<br>values (19, 500) |
| | commit transaction |
| select *<br>from cuenta<br>where numcuenta < 25 | |
| commit transaction | |

En los ejemplos anteriores se ha visto cómo cuando varios usuarios concurrentes acceden a la base de datos y uno o más de ellos están actualizando datos, se produce una situación potencial de dejar la base de datos en un estado inconsistente, o de que algún usuario pueda ver un estado inconsistente de los datos por acceder a esos datos en medio de otra transacción ejecutándose concurrentemente. Además de la característica de atomicidad, el modelo de transacción debe eliminar esta fuente de inconsistencia garantizando que, durante una transacción, cada usuario verá un estado consistente de la base de datos. Un usuario nunca verá modificaciones no confirmadas de otros usuarios, e incluso los cambios confirmados efectuados por otros usuarios no afectarán a los datos vistos por una transacción en mitad de su ejecución.

Las transacciones son, por tanto, la clave del control de recuperación y del control de concurrencia del SGBD.

## 9.6 GARANTÍA DE CONSISTENCIA

### 9.6.1 Recuperabilidad

Se va a estudiar el efecto de los fallos en una transacción durante una ejecución concurrente.

Si la transacción Ti falla, por la razón que sea, es necesario deshacer el efecto de dicha transacción para asegurar la propiedad de atomicidad de la misma. En un sistema que permita la concurrencia es necesario asegurar también que toda transacción Tj que dependa de Ti (es decir, Tj lee datos que ha escrito Ti) se aborta también. Para alcanzar esta garantía es necesario poner restricciones al tipo de planificaciones permitidas en el sistema.

## 9.6.2 Planificaciones recuperables

Considérese la siguiente planificación

| T$_8$ | T$_9$ |
|---|---|
| **Leer**(A) | |
| **Escribir**(a) | |
| | **Leer**(A) |
| **Leer**(B) | |

En la cual la transacción T9 realiza solo una instrucción **leer**(A). Supóngase que el sistema permite que T9 se complete inmediatamente después de ejecutar la instrucción **leer**(A). Así se completa T9 antes de que lo haga T8. Supóngase ahora que T8 falla antes de completarse. Puesto que T9 ha leído el valor del elemento de datos A escrito por T8, se debe abortar T9 para asegurar la atomicidad de la transacción. Sin embargo, T9 ya se ha confirmado y no puede abortarse. De este modo se llega a una situación en la cual es imposible recuperarse correctamente del fallo de T8.

La planificación anterior, cuya confirmación tiene lugar inmediatamente después de ejecutar la instrucción **leer**(A), es un ejemplo de planificación *no recuperable,* la cual no debe permitirse. La mayoría de los sistemas de bases de datos requiere que todas las planificaciones sean recuperables.

Una planificación recuperable es aquella en la que para todo par de transacciones Ti y Tj tales que Tj lee elementos de datos que ha escrito previamente Ti, la operación *confirmar* de Ti aparece antes que la de Tj.

Una planificación es recuperable si cada transacción se confirma después de la confirmación de todas las transacciones (excepto ella misma) de las que ha leído.

Formalmente:

Una planificación es recuperable si, cuando Ti lee de Tj ($i \neq j$) en una planificación H y *commits*i pertenece a H, *commits*j < *commits*i.

## 9.6.3 Planificaciones que evitan abortos en cascada

Incluso si una planificación es recuperable, hay que retroceder varias transacciones para recuperar correctamente el estado previo a un fallo en una transacción Ti. Tales situaciones ocurren si las transacciones leen datos que ha escrito Ti.

Considérese la planificación siguiente:

| $T_{10}$ | $T_{11}$ | $T_{12}$ |
|---|---|---|
| **leer**(A) | | |
| **leer**(B) | | |
| **escribir**(A) | | |
| | **leer**(A) | |
| | **escribir** (A) | |
| | | **leer**(A) |

La transacción T10 escribe un valor de A que lee la transacción T11. La transacción T11 escribe un valor de A que lee la transacción T12. Supóngase que en ese momento falla T10. Se debe retroceder T10. Puesto que T11 depende de T10, se debe retroceder T11.

Puesto que T12 depende de T11, se debe retroceder T12. Este fenómeno en el cual un fallo en una única transacción provoca una serie de retrocesos de la transacción se denomina *retroceso en cascada*.

No es deseable el retroceso en cascada, ya que provoca un aumento significativo del trabajo necesario para deshacer cálculos. Es deseable restringir las planificaciones a aquellas en las que no puedan ocurrir retrocesos en cascada. Tales planificaciones se denominan planificaciones *sin cascada*. Una planificación sin cascada es aquella para la que todo par de transacciones Ti y Tj tales que Tj lee un elemento de datos que ha escrito previamente Ti, la operación *confirmar* de Ti aparece antes que la operación de lectura de Tj.

También: una transacción solo debe leer valores producidos por transacciones confirmadas, o por ella misma.

Formalmente:

Una planificación es *sin cascada* si, siempre que Ti lee x desde Tj ($i \neq j$), *commits*j < *read*i [x]

## 9.6.4 Conflicto en planificaciones serializables

Consideremos una planificación S en la que hay dos instrucciones consecutivas Ii e Ij, pertenecientes a las transacciones Ti y Tj. Si las instrucciones se refieren a diferentes datos, se puede intercambiar el orden de ejecución de ambas instrucciones sin que afecte a los resultados. Si se refieren al mismo dato, puede que sí importe el orden en el que se ejecutan las instrucciones. Como solo tratamos las instrucciones Leer y Escribir, consideramos cuatro casos:

- Ii = leer (x) ; Ij = leer (x).
  No importa el orden. Da igual cuál de las dos transacciones lea primero.

- Ii = leer (x) ; Ij = escribir (x).
  Si importa el orden. La transacción Ti va a leer un dato que va a producir posteriormente Tj.

- Ii = escribir (x) ; Ij = leer (x).
  Si importa el orden. La transacción Ti va a escribir un dato que va a leer posteriormente Tj.

- Ii = escribir (x) ; Ij = escribir (x).
  Si importa el orden. La última escritura es la que prevalece en la base de datos.

Luego: **dos instrucciones están en conflicto si son instrucciones de transacciones diferentes sobre el mismo dato y al menos una de ellas es una instrucción** *escribir*.

## Ejemplo:

| $T_0$ | $T_1$ |
|---|---|
| leer (A) | |
| escribir (A) | |
| | leer (A) |
| leer (B) | |
| | escribir (A) |
| escribir (B) | |
| | leer (B) |
| | escribir (B) |

Si dos instrucciones consecutivas Ii e Ij de transacciones diferentes no están en conflicto en una planificación S, se puede intercambiar el orden para producir una planificación S' equivalente.

Cambiando el orden de instrucciones no conflictivas de la planificación anterior se llega a:

| $T_0$ | $T_1$ |
|---|---|
| leer (A) | |
| escribir (A) | |
| leer (B) | |
| escribir (B) | |
| | leer (A) |
| | escribir (A) |
| | leer (B) |
| | escribir (B) |

Lo que implica que la planificación de partida es equivalente a una planificación en serie.

▶ Si una planificación S puede transformarse en otra S' mediante una serie de intercambios de instrucciones no conflictivas, decimos que S y S' son *equivalentes en cuanto a conflictos*.

▶ Definimos *serializabilidad de conflictos* como: una planificación S es serializable en cuanto a conflictos si es equivalente en conflictos a una planificación en serie.

## 9.6.5 Serializabilidad de vistas

S y S' son equivalentes en cuanto a vistas si se cumplen tres condiciones:

1. Para cada dato $x$, si la transacción Ti lee el valor inicial de $x$ en la planificación S, también debe leer el valor inicial de $x$ en la planificación S'.

2. Para cada dato $x$, si la transacción Ti ejecuta leer ($x$) en la planificación S y ese valor fue producido por la transacción Tj, entonces la transacción Ti también debe leer en la planificación S' el valor de $x$ que fue producido por la transacción Tj.

3. Para cada dato $x$, la transacción que ejecuta la operación escribir ($x$) al final de la planificación S, debe ejecutar la operación final escribir ($x$) en la planificación S'.

**Serializabilidad de vistas:** una planificación S es serializable en vistas si es equivalente en vistas a una planificación en serie.

## 9.6.6 Pruebas de serializabilidad

Las pruebas de serializabilidad son métodos para determinar si una planificación es serializable.

### Pruebas de serializabilidad en conflictos

Sea S una planificación. Para determinar su serializabilidad en conflictos se construye un grafo dirigido al que se llama *grafo de precedencia* de S, compuesto por vértices (todas las transacciones que participan en la planificación) y aristas, todas las aristas $T_i \rightarrow T_j$ para las que se cumple una de las condiciones siguientes:

- Ti ejecuta escribir (Q) antes de que Tj ejecute leer (Q).
- Ti ejecuta leer (Q) antes de que Tj ejecute escribir (Q).
- Ti ejecuta escribir (Q) antes de que Tj ejecute escribir (Q).

Si existe una arista $T_i \rightarrow T_j$, en cualquier planificación en serie S' equivalente a S, Ti debe aparecer antes que Tj.

**Ejemplo:**

| $T_0$ | $T_1$ |
|---|---|
| leer (A) | |
| escribir (A) | |
| leer (B) | |
| escribir (B) | |
| | leer (A) |
| | escribir (A) |
| | leer (B) |
| | escribir (B) |

Planificación 1

Su grafo de precedencia será:

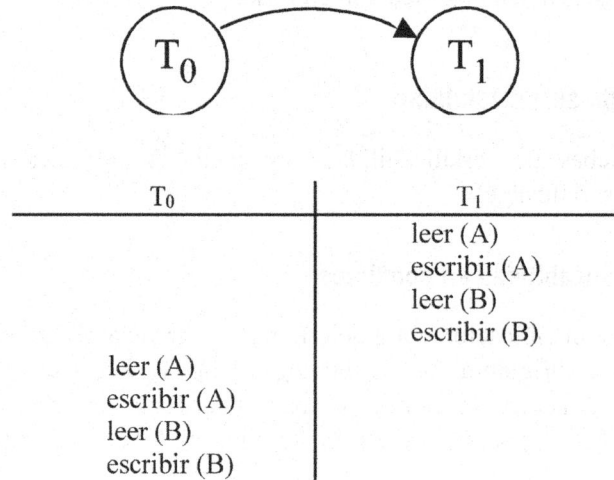

| $T_0$ | $T_1$ |
|---|---|
| | leer (A) |
| | escribir (A) |
| | leer (B) |
| | escribir (B) |
| leer (A) | |
| escribir (A) | |
| leer (B) | |
| escribir (B) | |

Planificación 2

Su grafo de precedencia será:

La planificación:

| $T_0$ | $T_1$ |
|---|---|
| leer (A) | |
| | leer (A) |
| | escribir (A) |
| | leer (B) |
| escribir (A) | |
| leer (B) | |
| escribir (B) | |
| | escribir (B) |

Tiene como grafo de precedencia:

Si el grafo de precedencia tiene ciclos, entonces la planificación no es serializable en conflictos. Si el grafo no tiene ciclos, entonces la planificación es serializable en conflictos.

## 9.7 CONTROL DE CONCURRENCIA

Existen muchos esquemas posibles para garantizar la serializabilidad de las transacciones concurrentes en un SGBD, pero la mayoría (si no todos) los SGBD comerciales utilizan técnicas basadas en *bloqueos* o *cerramientos* (*locking*).

Consiste en garantizar que el acceso a los datos se realice de forma mutuamente excluyente: mientras una transacción está accediendo a un dato, ninguna otra puede modificarlo.

El bloqueo lo maneja de forma automática el SGBD y es transparente al usuario.

### 9.7.1 Cerramiento o bloqueo (Locking)

El SGBD usa el bloqueo para asegurar la integridad de las transacciones y la consistencia de la base de datos. El bloqueo garantiza el aislamiento de las transacciones impidiendo a los usuarios leer datos que están siendo modificados por otros usuarios e impide que múltiples usuarios puedan modificar el mismo dato al mismo tiempo. Si no se usa el bloqueo, los datos de la base de datos pueden volverse inconsistentes y las consultas realizadas sobre esos datos producir resultados inesperados.

## 9.7.2 Control de concurrencia optimista y pesimista

### Control optimista

Se trabaja con la presunción de que los conflictos entre múltiples usuarios son improbables (aunque no imposibles) y se permite a las transacciones ejecutarse sin necesidad de bloquear recursos. Solo cuando la transacción termina y va a confirmarse, se comprueban los recursos utilizados para determinar si ha ocurrido algún conflicto. Si se ha producido algún conflicto, la transacción simplemente empieza de nuevo desde el principio y lo intenta de nuevo.

### Control pesimista

Se bloquean los recursos cuando se desea acceder a ellos durante todo el tiempo que dure la transacción. A menos que ocurra un *deadlock*, esta técnica garantiza la finalización con éxito de la transacción.

## 9.8 CERRAMIENTO (LOCKING)

Los principales productos SGBD tales como DB2 y SQL Server utilizan técnicas de cerramiento sofisticadas para manejar transacciones concurrentes de muchos usuarios simultáneos. Sin embargo, los conceptos básicos de cerramiento y transacción son muy sencillos. El ejemplo siguiente muestra un sencillo esquema de cerramiento y cómo maneja la contención entre dos transacciones concurrentes.

| $T_0$ | $T_1$ |
|---|---|
| leer (A) | |
| | leer (B) |
| leer (C) | |
| | escribir (B) |
| | leer (C) |
| escribir (A) | |
| escribir (C) | |
| | escribir (C) |

Cuando la transacción T0 de la figura accede a la base de datos, el SGBD bloquea automáticamente cada parte de la base de datos que la transacción consulta o modifica. La transacción T1 procede concurrentemente, y el SGBD también bloquea las partes de la base de datos a las que ella accede. Si la transacción T1 trata de acceder a la parte de la base de datos que ha sido bloqueada por la transacción T0, el SGBD congela la transacción T1, haciéndole que espere a que los datos sean desbloqueados. El SGBD libera los bloqueos mantenidos por la transacción T0 solamente cuando esta finaliza con una operación COMMIT o ROLLBACK. El SGBD "desbloquea" la transacción T1, permitiéndole que prosiga. La transacción T1 puede bloquear esa parte de la base de datos, protegiéndola de los efectos de otras transacciones.

Como muestra la figura, la técnica del cerramiento proporciona a una transacción acceso temporal exclusivo a una parte de una base de datos, impidiendo que otras transacciones modifiquen los datos cerrados (bloqueados). El cerramiento resuelve por tanto los tres problemas de transacción concurrente. Impide que las actualizaciones perdidas, los datos no confirmados y los datos inconsistentes puedan corromper la base de datos. Sin embargo, el cerramiento introduce nuevos problemas: por un lado, puede hacer que una transacción espere durante mucho tiempo mientras las partes de la base de datos a las que desea acceder están bloqueadas por otras transacciones. Por otro, el uso de cerramientos puede conducir a una situación en la que dos o más transacciones concurrentes esperen a que se liberen recursos cerrados por otras transacciones que a su vez mantienen cierres sobre datos que las primeras necesitan para terminar (*deadlocks*).

## 9.8.1 Granularidad de los bloqueos

Como acabamos de ver, uno de los problemas del bloqueo es que puede hacer que las transacciones esperen durante mucho tiempo a que se liberen los cierres sobre los recursos que necesitan para completarse.

La granularidad de los bloqueos en una base de datos se refiere a la cantidad de datos que se bloquean en un momento dado. En teoría, el SGBD puede bloquear desde una simple fila hasta toda la base de datos. Sin embargo, ambos extremos afectan a la concurrencia (número de usuarios que pueden acceder a los datos) y a la cantidad de trabajo que el servidor debe realizar para procesar cada uno de los bloqueos.

Incrementando el tamaño del bloqueo (la granularidad) la cantidad de trabajo requerida para obtener un bloqueo se hace más pequeña, pero los bloqueos sobre grandes cantidades de datos degradan el rendimiento ya que muchos usuarios deberán esperar a que los bloqueos se liberen. Disminuyendo el tamaño del bloqueo, muchos de los datos se hacen accesibles a otros usuarios, pero los bloqueos sobre cantidades pequeñas de datos pueden también degradar el rendimiento, ya que se requiere más trabajo para mantener y coordinar el mayor número de bloqueos. Los bloqueos más pequeños, por otro lado, incrementan la probabilidad de *deadlocks*. Para conseguir el rendimiento óptimo, el esquema de bloqueo debe equilibrar las necesidades de concurrencia y de consumo de recursos.

## Niveles de cerramiento. Granularidad

El cerramiento puede ser implementado a varios niveles de la base de datos. En su forma menos elaborada, el SGBD puede bloquear la base de datos entera por cada transacción. Esta estrategia de cerramiento sería sencilla de implementar, pero solo permitiría el proceso de una sola transacción cada vez. Si la transacción incluyera un "tiempo para pensar", tal como el tiempo para discutir un pedido con un cliente, todos los restantes accesos a la base de datos estarían bloqueados durante ese tiempo, conduciendo a un rendimiento inaceptablemente bajo.

Una forma mejorada de cerramiento es el cerramiento *a nivel de tabla*. En este esquema, el SGBD bloquea únicamente las tablas accedidas por una transacción. Otras transacciones pueden ejecutarse concurrentemente con la primera si acceden a otras tablas. Esta técnica permite más procesamiento concurrente, pero sigue conduciendo a rendimiento inaceptablemente bajo en aplicaciones tales como entradas de pedidos, en donde muchos usuarios deben compartir el acceso a las mismas tablas.

Muchos productos SGBD implementan el cerramiento *a nivel de página*. En este esquema, el SGBD bloquea los grupos individuales de datos procedentes del disco ("páginas") conforme son accedidos por una transacción. Otras transacciones se ven impedidas de acceder a las páginas bloqueadas, pero pueden acceder (y bloquearlas para ellas mismas) a otras páginas de datos. Habitualmente se utilizan tamaños de páginas de 2KB, 4KB, 8KB y 16KB. Puesto que una tabla de grandes dimensiones se extenderá a lo largo de cientos o miles de páginas, dos transacciones que tratan de acceder a dos filas diferentes de una tabla accederán generalmente a dos páginas diferentes, permitiendo que las dos transacciones procedan concurrentemente.

Algunos productos SGBD han evolucionado del cerramiento a nivel de páginas a los cerramientos *a nivel de fila*. El cerramiento a nivel de fila permite que dos transacciones concurrentes accedan a dos filas diferentes de una tabla, incluso si las dos filas están en la misma página. Aunque esto puede parecer una posibilidad remota, puede ser un problema real con tablas pequeñas que contienen registros pequeños.

El cerramiento a nivel de fila proporciona un alto grado de concurrencia. Desgraciadamente, llevar la cuenta de los bloqueos en las piezas de longitud variable de la base de datos (en otras palabras, en las filas) en lugar de las páginas de tamaño fijo es una tarea mucho más compleja, por lo que el incremento de paralelismo se obtiene a costa de una lógica de cerramiento más sofisticada y de un incremento de la carga de trabajo.

Teóricamente es posible pasar incluso del cerramiento a nivel de fila al cerramiento a nivel de datos individuales. En teoría esto proporcionaría incluso más paralelismo que los cerramientos a nivel de fila, ya que permitiría acceso concurrente a la misma fila por parte de dos transacciones diferentes, suponiendo que accedieran a diferentes grupos de columnas. El recargo en la gestión del cerramiento a nivel de datos, sin embargo, pesa mucho más que sus potenciales ventajas. Ningún SGBD de SQL comercial utiliza cerramiento a nivel de datos. De hecho, el cerramiento es un área de considerable investigación en la tecnología de las bases de datos y los esquemas de cerramiento utilizados en los productos SGBD comerciales son mucho más sofisticados que el esquema fundamental descrito aquí. A continuación se describen los esquemas más sencillos de cerramiento avanzados, que utilizan cierres compartidos y exclusivos.

## 9.8.2 Cierres compartidos y exclusivos

Para aumentar el acceso concurrente a una base de datos, la mayoría de los productos SGBD comerciales utilizan un esquema de cerramiento con más de un tipo de cierre. Un esquema que utiliza cierres compartidos y exclusivos es bastante habitual:

- Un cierre compartido se utiliza en el SGBD cuando una transacción desea leer datos de la base de datos. Otra transacción concurrente puede también adquirir un cierre compartido sobre los mismos datos, permitiendo que la otra transacción también lea los datos.

- Un cierre exclusivo se utiliza en el SGBD cuando una transacción desea actualizar datos en la base de datos. Cuando una transacción tiene un cierre exclusivo sobre algunos datos, el resto de las transacciones no pueden adquirir ningún tipo de cierre (compartido o exclusivo) sobre los datos.

La siguiente tabla muestra las reglas para este esquema de cerramiento y las combinaciones permitidas de cierres que pueden mantener dos transacciones concurrentes. Observe que una transacción puede adquirir un cierre exclusivo solamente si ninguna otra transacción tiene actualmente un cierre compartido o exclusivo sobre los datos. Si una transacción trata de adquirir un cierre no permitido por las reglas de la tabla, se congela hasta que otras transacciones desbloquean los datos que ella requiere.

|                     | Transacción Ti |             |           |
|---------------------|----------------|-------------|-----------|
|                     | **Desbloqueado** | **Compartido** | **Exclusivo** |
| **Desbloqueado**    | Sí             | Sí          | Sí        |
| **Compartido**      | Sí             | Sí          | No        |
| **Exclusivo**       | Sí             | No          | No        |

Transacción Tj (a la izquierda de las filas Desbloqueado, Compartido, Exclusivo)

## 9.8.3 Interbloqueos

El segundo problema que aparece con el uso de cerramientos es el *interbloqueo (deadlock)*. El siguiente ejemplo muestra esta situación:

| $T_0$ | $T_1$ |
|-------|-------|
| UPDATE(A) |  |
|  | UPDATE(B) |
| UPDATE(B) |  |
|  | UPDATE(A) |

La transacción T0 accede a la tabla A con intención de modificarla y el SGBD bloquea la tabla en modo exclusivo para T0. La transacción T1 modifica la tabla B y el SGBD la bloquea en modo exclusivo para T1. Cuando T0 intenta actualizar la tabla B, debe esperar a que T1 termine. T1 intenta actualizar la tabla A y debe esperar a que T0 termine.

Sin intervención externa, cada programa esperará eternamente a que el otro programa cumplimente su transacción y desbloquee los datos. Esta situación de la figura es un sencillo interbloqueo entre dos programas, pero pueden ocurrir situaciones más complejas donde tres, cuatro o más programas están en un ciclo de cierres, cada uno esperando datos que están bloqueados por alguno de los otros programas.

Para tratar los interbloqueos, un SGBD normalmente incluye una lógica que periódicamente (digamos, una vez cada cinco segundos) comprueba los cierres mantenidos por varias transacciones. Cuando detecta un interbloqueo, el SGBD elige arbitrariamente una de las transacciones como "perdedora" del interbloqueo y le da marcha atrás. Esto libera los cierres mantenidos por la transacción perdedora, permitiendo al "ganador" del interbloqueo proseguir. El programa perdedor recibe un código de error informativo que le dice que ha perdido un interbloqueo y que su transacción actual ha sido vuelta atrás.

Este esquema para romper interbloqueos significa que *cualquier* sentencia SQL puede devolver potencialmente un código de error "perdedor de interbloqueo", incluso aunque no haya nada incorrecto en la sentencia. La transacción que intenta la sentencia es vuelta atrás pero no debido a ningún fallo de ella misma, sino debido a la actividad concurrente de la base de datos. Esta solución puede parecer arbitraria (de hecho lo es), pero en la práctica es mucho mejor que las otras dos alternativas: interbloqueo eterno o corrupción de la base de datos. Si en SQL interactivo se produce un error por perdedor de interbloqueo, el usuario puede simplemente reescribir la(s) sentencia(s) SQL. En SQL programado, el programa de aplicación debe estar preparado para manejar el código de error "perdedor de interbloqueo". Típicamente, el programa responderá o bien alertando al usuario o bien reintentando automáticamente la transacción.

### 9.8.4 Técnicas avanzadas de cerramiento

Muchos productos de base de datos comerciales ofrecen facilidades avanzadas de cerramiento que van más allá de las proporcionadas por las transacciones SQL estándar. Estas facilidades son, por su naturaleza, no estándar y específicas de cada producto. Sin embargo, varias de ellas, particularmente las disponibles en DB2, han sido implementadas en varios productos SQL comerciales y han logrado el rango de características habituales, si no el de estándar. Entre ellas se incluyen:

- *Cerramiento explícito.* Un programa puede bloquear explícitamente una tabla entera o alguna otra parte de la base de datos si va a ser repetidamente accedida por el programa.

- *Niveles de aislamiento.* Se puede informar al SGBD de que un programa específico no volverá a recuperar datos durante una transacción, permitiendo al SGBD liberar los cierres antes de que la transacción finalice.

- *Parámetros de cierre.* El administrador de la base de datos puede ajustar manualmente el tamaño de la "pieza bloqueable" de la base de datos y otros parámetros de cierre para ajustar el rendimiento del esquema.

## 9.8.5 Cerramiento explícito

Si una transacción accede repetidamente a una tabla, el recargo de adquirir pequeños cierres sobre muchas partes de la tabla puede ser muy sustancial. Un programa de actualización masiva que recorre todas las filas de la tabla, por ejemplo, cerrará la tabla entera, pieza a pieza, conforme vaya procediendo. Para este tipo de transacción, el programa debería cerrar explícitamente la tabla entera, procesar las actualizaciones y luego desbloquear la tabla. Cerrar la tabla entera tiene tres ventajas:

  ☞ Elimina el recargo de cierre fila a fila (o página a página).

  ☞ Elimina la posibilidad de que otra transacción cierre parte de la tabla, forzando a la transacción de actualización masiva a esperar.

  ☞ Elimina la posibilidad de que otra transacción cierre parte de la tabla e interbloquee la transacción de actualización masiva, forzándola a ser reiniciada.

Naturalmente, el cierre de la tabla tiene la desventaja de que las otras transacciones que intenten acceder a ella deben esperar mientras la actualización está en proceso. Sin embargo, debido a que la transacción de actualización masiva puede proceder mucho más rápidamente, la productividad global del SGBD puede incrementarse utilizando cierre explícito de la tabla.

En las bases de datos IBM (DB2, SQL/DS y OS/2 Extended Edition), la sentencia LOCK TABLE se utiliza para cerrar explícitamente una tabla entera. Ofrece dos modos de cerramiento:

  ☞ El modo EXCLUSIVE adquiere un cierre exclusivo sobre la tabla entera. Ninguna otra transacción puede acceder a ninguna parte de la tabla para ningún propósito mientras el cierre se mantenga. Este es el modo que se solicitaría para una transacción de actualización masiva.

  ☞ El modo SHARE adquiere un cierre compartido sobre la tabla entera. Otras transacciones pueden leer partes de la tabla (es decir, también pueden adquirir cierres compartidos), pero no pueden actualizar ninguna parte de ella. Naturalmente si la transacción que utiliza la sentencia LOCK TABLE actualiza ahora parte de la tabla, seguirá incurriendo en el recargo de adquirir cierres exclusivos sobre las partes de la tabla que actualiza. Este es el modo que se solicitaría si se deseara obtener una imagen precisa de la tabla, en un punto particular en el tiempo.

Oracle también soporta una sentencia LOCK TABLE al estilo de la de DB2. El mismo efecto puede lograrse en Ingres con una sentencia diferente. Otros sistemas de gestión de base de datos, incluyendo SQL Server y SQLBase, no soportan cerramiento explícito en absoluto, eligiendo en su lugar optimizar sus técnicas de cerramiento implícito.

## 9.8.6 Niveles de aislamiento (Niveles de Consistencia)

Cuando se usa el bloqueo como técnica de control de concurrencia, esta resuelve los problemas de concurrencia anteriormente citados. Esto permite múltiples transacciones ejecutándose en completo aislamiento unas de otras, aunque haya múltiples transacciones ejecutándose simultáneamente.

La serializabilidad es la propiedad tal que el estado alcanzado por la ejecución de un conjunto de transacciones concurrentes es equivalente al estado que se hubiera alcanzado si ese conjunto de transacciones se hubiese ejecutado en serie en un orden determinado.

### Niveles de aislamiento en SQL-92

Aunque la serializabilidad es importante en el procesamiento de transacciones para garantizar la consistencia de los datos en la base de datos, muchas transacciones no siempre necesitan un aislamiento completo.

Bajo la estricta definición de una transacción SQL, ninguna acción por parte de una transacción en ejecución concurrente se permite que afecte a los datos visibles durante el curso de una transacción dada. Si un programa efectúa una consulta de base de datos durante una transacción, prosigue con otro trabajo y posteriormente efectúa la misma consulta una segunda vez, el mecanismo de transacción SQL garantiza que los datos devueltos por las dos consultas serán idénticos (a menos que la transacción actúe para modificar los datos). Esta capacidad de volver a recuperar fiablemente una fila durante una transacción es el nivel más alto de aislamiento que un programa puede tener frente a otros programas y usuarios. El nivel de aislamiento se denomina *nivel de aislamiento de la transacción*.

El aislamiento absoluto de la transacción respecto al resto de transacciones que se están ejecutando de manera concurrente es muy costoso en términos de cerramiento de la base de datos. Como el programa lee cada fila de resultados de la consulta, el SGBD debe bloquear la fila (con un cierre compartido) para impedir que otras transacciones concurrentes modifiquen la fila. Estos cierres deben mantenerse hasta el final de la transacción, para el caso en que el programa los recupere de nuevo. En muchos casos, el SGBD puede reducir de manera significativa el recargo por cerramiento si sabe de antemano cómo accederá el programa a la base de datos durante una transacción. Para mejorar su eficiencia, el principal mainframe de IBM para bases de datos añadió el concepto de un *nivel de aislamiento* especificado por el usuario que permite que el usuario controle la relación entre aislamiento y eficiencia de procesamiento. La especificación SQL2 formalizó el concepto de nivel de aislamiento de IBM y lo amplió añadiendo los cuatro niveles de aislamiento que se muestran en la siguiente tabla. Los niveles de aislamiento se asocian directamente a los tres problemas básicos de actualización multiusuario que analizamos anteriormente en este tema. Según decrece el nivel de aislamiento (desplazándose hacia las filas inferiores de la tabla), el SGBD aísla al usuario de menor número de problemas de actualización multiusuario.

| Nivel de Aislamiento | Actualización perdida | Datos no Confirmados | Datos Inconsistentes | Inserción fantasma |
|---|---|---|---|---|
| SERIALIZABLE | No | No | No | No |
| REPEATABLE READ | No | No | No | Sí |
| READ COMMITED | No | No | Sí | Sí |
| READ UNCOMMITTED | No | Sí | Sí | Sí |

El nivel de aislamiento SERIALIZABLE es el nivel más alto proporcionado. En este nivel, el SGBD garantiza que los efectos de la ejecución concurrente de transacciones son exactamente los mismos que si se ejecutaran en serie. Este es el nivel de aislamiento por omisión, ya que es "la forma en la que las bases de datos SQL se supone que funcionan". Si el programa necesita realizar la misma consulta multifila varias veces durante la transacción y tiene que garantizar que los resultados serán idénticos independientemente de otras actividades de la base de datos, entonces tendría que utilizar un nivel de aislamiento SERIALIZABLE.

El nivel de aislamiento REPEATABLE READ (lectura repetible) es el segundo nivel más alto. En este nivel, la transacción no puede ver actualizaciones confirmadas o no confirmadas de otras transacciones, por lo que no se pueden producir los problemas de actualización perdida, datos no confirmados ni datos modificados. Sin embargo, una fila insertada en la base de datos por otra transacción concurrente puede llegar a ser visible por la transacción. Como resultado de esto, una consulta multifila ejecutada anteriormente dentro de la transacción puede dar distinto resultado que la misma consulta ejecutada posteriormente en la transacción (problema de inserciones fantasmas). Si el programa no depende de la habilidad de repetir una consulta multifila durante una transacción, se puede utilizar de forma segura el nivel de aislamiento REPEATABLE READ para mejorar el rendimiento del SGBD sin sacrificar la integridad de los datos.

El nivel de aislamiento READ COMMITTED (lectura confirmada) es el tercer nivel más alto. En este modo, la transacción no puede ver actualizaciones no confirmadas de otras transacciones, por lo que no se puede producir el problema de actualización perdida ni el problema de datos no confirmados. Sin embargo, las actualizaciones que son confirmadas por otras transacciones que se están ejecutando de manera concurrente pueden llegar a ser visibles durante la transacción. El programa podría, por ejemplo, realizar una sentencia SELECT de una fila dos veces durante el curso de una transacción y encontrar que los datos de la fila han sido modificados por otro usuario. Si el programa no depende de la habilidad de volver a leer una determinada fila de datos durante la transacción ni está acumulando totales o haciendo otros cálculos que dependan de un conjunto auto consistente de datos, entonces puede utilizar el nivel de aislamiento READ COMMITTED. Hay que tener en cuenta que si el programa intenta actualizar una fila que ya ha sido actualizada por otro usuario, la transacción automáticamente será vuelta atrás para evitar que se produzca el problema de las actualizaciones perdidas.

El nivel de aislamiento READ UNCOMMITTED (lectura no confirmada) es el nivel más bajo especificado en el estándar SQL. En este modo, la transacción puede verse afectada por las actualizaciones confirmadas o no confirmadas de otras transacciones, por lo que se pueden producir los problemas de los datos no confirmados, datos modificados e inserciones fantasmas. El SGBD sigue evitando el problema de la pérdida de actualizaciones. Generalmente, el nivel READ UNCOMMITTED es apropiado solo para ciertas aplicaciones de consulta *ad hoc* en las que el usuario puede aceptar el hecho de que el resultado de la consulta pueda contener datos "basura". Si es importante que el resultado de la consulta contenga únicamente información que ha sido confirmada en la base de datos, entonces el programa no debería utilizar este modo de aislamiento.

El estándar SQL2 especifica una sentencia SET TRANSACTION:

```
SET TRANSACTION
[ISOLATION LEVEL { SERIALIZABLE
                 | REPEATABLE READ
                 | READ COMMITED
                 | READ UNCOMMITED
                 }
]
[ {READ WRITE | READ ONLY} ]
```

que se utiliza para establecer el nivel de aislamiento de la transacción actual. La sentencia SET TRANSACTION también permite especificar si la transacción es READ ONLY (es decir, solo consultará la base de datos) o READ WRITE (puede consultar o actualizar la base de datos). El SGBD utiliza esta información, junto con el nivel de aislamiento, para optimizar el control de la base de datos. El nivel de aislamiento por omisión es SERIALIZABLE. Si se especifica el nivel de aislamiento READ UNCOMMITTED, entonces se asume que la transacción es READ ONLY y no se puede especificar como READ WRITE. En caso contrario, la transacción es READ WRITE por omisión.

## 9.8.7 Parámetros de cerramiento

Un SGBD maduro tal corno DB2, SQL/DS, Oracle, Sybase o Ingres emplea técnicas de cerramiento mucho más complejas que las que hemos descrito aquí. El administrador de la base de datos puede mejorar las prestaciones de estos sistemas fijando manualmente parámetros de cerramiento. Los parámetros típicos que pueden ser ajustados incluyen:

▼ *Tamaño de cierre.* Algunos productos SGBD ofrecen la opción de cierres a nivel tabla, cierres a nivel página, cierres a nivel fila y otros tamaños de cierre. Dependiendo de la aplicación específica, puede ser adecuado un diferente tamaño de cierre.

▼ *Número de cierres.* Típicamente un SGBD permite que cada transacción tenga un cierto número finito de cierres. Normalmente, el administrador de la base de datos puede fijar este límite, elevándolo para permitir transacciones más complejas o rebajándolo para estimular el uso de cierres de granularidad mayor.

▼ *Escala de cierres.* Con frecuencia un SGBD "escalará" automáticamente los cierres, reemplazando muchos cierres pequeños con un único cierre mayor (por ejemplo, reemplazando muchos cierres de nivel página con un cierre de nivel tabla). El administrador de la base de datos puede tener cierto control sobre este proceso de escalamiento.

▼ *Plazo de cierre.* Aun cuando una transacción no se interbloquee con otra transacción, puede tener que esperar mucho tiempo a que otras transacciones liberen sus cierres. Algunos productos SGBD implementan una característica de *plazo (timeout),* en donde una sentencia SQL falla si no puede obtener los cierres que necesita dentro de un cierto plazo de tiempo. El período del plazo puede ser generalmente fijado por el administrador de la base de datos.

## 9.9 PROTOCOLOS BASADOS EN MARCAS TEMPORALES

En el protocolo de bloqueo, el orden de serializabilidad entre cada par de transacciones que están en conflicto es determinado en tiempo de ejecución por el primer bloqueo que se consigue por una transacción.

Otro método para determinar el orden de serializabilidad es seleccionar por adelantado el orden entre transacciones. Esto se realiza mediante un protocolo denominado *Protocolo de ordenación por hora de entrada*.

### 9.9.1 Hora de entrada

A cada transacción en el sistema se le asigna una hora de entrada única. La hora de entrada de las transacciones determina el orden de serializabilidad:

Si TS (Ti) < TS (Tj), el sistema debe asegurarse de que la planificación producida es equivalente a una planificación en serie en la que Ti se ejecuta antes que Tj.

Para implementarlo se asocian dos valores de hora de entrada para cada dato Q:

- W_hora_de_entrada (Q): mayor hora de entrada de cualquier transacción que ejecutó con éxito escribir (Q).

- R_hora_de_entrada (Q): mayor hora de entrada de cualquier transacción que ejecutó con éxito leer (Q).

Estas horas de entrada se actualizan cada vez que se ejecuta una nueva instrucción leer (Q) o escribir (Q).

### 9.9.2 Protocolo de ordenación por hora de entrada

Garantiza que todas las operaciones leer y escribir que pudieran entrar en conflicto se ejecuten en el orden de hora de entrada:

- Ti solicita leer (Q)

  - Si TS (Ti) < W_hora_de_entrada (Q), Ti necesita leer un valor de Q que ya fue sobrescrito. La operación se rechaza y Ti retrocede.

  - Si TS (Ti) >= W_hora_de_enrada (Q), leer (Q) se ejecuta y R_hora_de_entrada (Q) se actualiza al valor mayor entre R_hora_de_entrada (Q) y TS (Ti).

▶ Ti solicita escribir (Q)

- Si TS (Ti) < R_hora_de_entrada (Q), el valor de Q que Ti está produciendo se leyó con anterioridad, luego escribir (Q) se rechaza y Ti retrocede.

- Si TS (Ti) < W_hora_de_entrada (Q), Ti está intentando escribir un valor obsoleto de Q. escribir (Q) se rechaza y Ti retrocede.

En los demás casos la operación se ejecuta y W_hora_de_entrada (Q) se actualiza al valor mayor entre W_hora_de_entrada (Q) y TS (Ti).

A una transacción que retrocede se le asigna una nueva hora de entrada y se reinicia.

**Ejemplo:**

T17: leer (B)
leer (A)
mostrar (A + B)

T18: leer (B)
B := B–50.000
escribir (B)
leer (A)
A := A + 50.000
escribir (A)
mostrar (A + B)

Una posible planificación bajo el protocolo de hora de entrada sería:

| $T_{17}$ | $T_{18}$ |
|---|---|
| leer (B) | |
| | leer (B) |
| | B := B - 50.000 |
| | escribir (B) |
| leer (A) | |
| | leer (A) |
| mostrar (A + B) | |
| | A := A + 50.000 |
| | escribir (A) |
| | mostrar (A + B) |

Planificación posible bajo el protocolo de ordenación por hora de entrada

## 9.10 LAS OPERACIONES INSERTAR Y BORRAR

Hasta ahora solo hemos considerado las operaciones *leer* y *escribir*. Algunas transacciones requieren crear nuevos datos o eliminar datos:

borrar (Q)

insertar (Q)

Un intento por una transacción de leer un dato después de que se haya eliminado resulta en un error en la transacción.

### 9.10.1 Borrado

| $I_i$ | $I_j$ | Conflicto |
|---|---|---|
| borrar (Q) | leer (Q) | Si $I_i$ antes que $I_j$ se produce un error <br><br> Al contrario, la operación se produce con éxito |
| borrar (Q) | escribir (Q) | Si $I_i$ antes que $I_j$ se produce un error <br><br> Al contrario, la operación se produce con éxito |
| borrar (Q) | borrar (Q) | Error en cualquier orden |
| borrar (Q) | insertar (Q) | Depende de la existencia previa de Q |

▸ **Boqueo**: se necesita un bloqueo exclusivo sobre un dato antes de poder eliminarse.

▸ **Hora de entrada**: se le da el mismo tratamiento que a escribir.

### 9.10.2 Inserción

No se puede realizar leer o escribir sobre un dato antes de que exista.

Puesto que insertar (Q) asigna un valor al dato Q, se trata de la misma forma que escribir para el control de concurrencia.

▸ **Boqueo**: si Ti realiza insertar (Q), Ti recibe un bloqueo exclusivo sobre el dato Q.

▸ **Hora de entrada**: si Ti realiza insert (Q), W_hora_de_entrada (Q) y R_hora_de_entrada (Q), se actualizan a TS (Ti).

## 9.11 RECUPERACIÓN

Parte integral del SGBD: esquema de recuperación responsable de la eliminación de fallos y de la restauración de la base de datos a un estado consistente existente antes del fallo.

### 9.11.1 Clasificación de fallos

Se pueden presentar varios tipos de fallos, que deben tratarse de manera diferente. Los más sencillos son los que no resultan en pérdida de información, los más difíciles los que sí.

Para la prevención y recuperación:

▶ Acciones tomadas durante el procesamiento normal de transacción para asegurar que existe suficiente información para permitir la recuperación de fallos.

▶ Acciones tomadas a continuación de un fallo para asegurar la consistencia de la base de datos y la atomicidad de las transacciones.

**Tipos de almacenamiento**

▶ Volátil.
▶ No volátil.
▶ Estable.

**Tipos de fallos**

▶ Errores lógicos.
▶ Errores del sistema.
▶ Caída del sistema.
▶ Fallo de disco.

### 9.11.2 La jerarquía de almacenamiento

La BD reside en disco: BD dividida en bloques.

Las transacciones meten información del disco en memoria principal y luego vuelven a sacarla al disco. Las transferencias se realizan en bloques.

Bloques de disco: bloques físicos. Bloques en memoria: *buffers*.

Operaciones:

▶ input(X): traer a la memoria el bloque que contiene el dato X. output(X): escribir en el disco el bloque que contiene el dato X.

▶ leer(X, xi) (si es necesario se ejecuta input(X)). escribir(X, xi) (si es necesario se ejecuta input(X)).

Ambas operaciones pueden requerir la transferencia de un bloque a la memoria, pero no al contrario.

El bloque se graba en el disco, ya sea porque el gestor necesita espacio o porque desea reflejar el cambio hecho a X.

La operación output(X) no necesita ejecutarse después de ejecutar escribir (X, xi), ya que el bloque en el que reside X pueden contener otros elementos de información a los que se está accediendo todavía. Si el sistema se cae entre escribir (X, xi) y output(X), el nuevo valor de X se pierde.

Tras abortar la transacción, dos opciones: volver a ejecutar T, no volver a ejecutar T (ninguna de las dos deja la base de datos en un estado consistente.)

Esquemas para garantizar el estado confirmado de una transacción:

## 9.11.3 Recuperación basada en bitácora

Ejemplo bancario, el sistema se cae después de output (A) pero antes de output (B). La base de datos queda inconsistente. Tanto si se vuelve a ejecutar T como si no, la base de datos sigue quedando inconsistente, *porque se ha modificado la base de datos sin asegurarnos de que la transacción se va a confirmar realmente.*

Objetivo: realizar todas las operaciones de T o ninguna. Sin embargo, si T requiere múltiples operaciones de salida, puede ocurrir un fallo después de realizar algunas, pero antes de todas.

Para lograr el objetivo de atomicidad primero debemos sacar información describiendo las modificaciones del almacenamiento estable sin modificar la base de datos, lo que nos permitirá sacar todas las informaciones que hizo la transacción confirmada, a pesar de los fallos.

## LA BITÁCORA DE LA BASE DE DATOS

Estructura utilizada para guardar las modificaciones a la base de datos.

Cada registro describe una única escritura y tiene los siguientes campos:

- Nombre de la transacción.
- Nombre del dato.
- Valor antiguo.
- Valor nuevo.

Otros registros especiales para guardar sucesos importantes durante el procesamiento de la transacción Ti :

- Ti *starts:* la transacción ha comenzado (está activa).
- Ti *commits:* la transacción ha terminado (está parcialmente confirmada).

Siempre que una transacción realice una escritura es fundamental que se cree el registro de bitácora para esa escritura **antes** de modificar la base de datos.

Para que los registros de bitácora sean útiles, deben residir en memoria estable. (Ver más adelante *buffering*)

Técnicas para garantizar la atomicidad usando bitácora:

- Modificación diferida de la base de datos.
- Modificación inmediata de la base de datos.

## MODIFICACIÓN DIFERIDA DE LA BASE DE DATOS

Esta técnica garantiza la atomicidad de la transacción grabando las modificaciones a la base de datos en la bitácora, pero aplazando las escrituras de una transacción hasta que esta está confirmada parcialmente.

Cuando la transacción está confirmada parcialmente, la información en la bitácora se usa para las escrituras diferidas. Si el sistema se cae antes de que la transacción termine su ejecución, o si la transacción aborta, se ignora el contenido de la bitácora.

Ejecución de una transacción:

1. Antes de empezar: <Ti *starts*>. Al terminar: <Ti *commits*>.
2. Escritura de la bitácora en memoria estable.
3. Escritura diferida de las modificaciones en la base de datos.
4. Estado confirmado.

Esta técnica solo requiere el nuevo valor del dato en el registro de bitácora.

## Ejemplo:

Transacción T0 que transfiere 50000 euros de la cuenta A a la cuenta B:

```
T0:    leer (A, a1)
       a1 := a1–50000
       escribir (A, a1)
       leer (B, b1)
       b1 := b1 + 50000
       escribir (B, b1)
```

Transacción T1 que retira 100000 euros de la cuenta C:

```
T1:    leer (C, c1)
       c1 := c1–100000
       escribir (C, c1)
```

Los valores iniciales de las cuentas son:

A = 100000
B = 200000
C = 700000

Se ejecutan secuencialmente en el orden T0 seguida de T1.

La bitácora contendrá

<T0 starts>
<T0 , A, 50000>
<T0 , B, 250000>
<T0 commits>
<T1 starts>
<T1 , C, 600000>
<T1 commits>

Las salidas al sistema podrían ser:

| Bitácora | Base de datos |
|---|---|
| <T0 starts> | |
| <T0, A, 50000> | |
| <T0, B, 250000> | |
| <T0 commits> | |
| | A = 50000 |
| | B = 250000 |
| <T1 starts> | |
| <T1, C, 600000> | |
| <T1 commits> | |
| | C = 600000 |

## Esquema de recuperación

redo (Ti): asigna los nuevos valores a todos los datos que actualiza la transacción Ti. Los datos modificados y sus valores se encuentran en la bitácora.

La operación redo () debe ser idempotente.

Tras un fallo, el sistema de recuperación consulta la bitácora para determinar qué transacciones deben volverse a ejecutar: la transacción Ti debe volverse a ejecutar si y solo si la bitácora contiene tanto el registro <Ti starts> como el registro <Ti commits>.

## Ejemplo:

| a | b | c |
|---|---|---|
| <T0 starts> | <T0 starts> | <T0 starts> |
| <T0 , A, 50000> | <T0 , A, 50000> | <T0 , A, 50000> |
| <T0 , B, 250000> | <T0 , B, 250000> | <T0 , B, 250000> |
| | <T0 commits> | <T0 commits> |
| | <T1 starts> | <T1 starts> |
| | <T1 , C, 600000> | <T1 , C, 600000> |
| | | <T1 commits> |

a) Fallo en el paso escribir (C, c1)

b) Fallo en escribir (C, c1) redo (T0)

c) Fallo tras <T1 commits> redo (T0), redo (T1)

Si hay una nueva caída durante la recuperación, se vuelve a empezar.

## MODIFICACIÓN INMEDIATA DE LA BASE DE DATOS

Esta técnica permite que las modificaciones a la base de datos se escriban mientras la transacción está en estado activo (son modificaciones no confirmadas).

En caso de fallo se utiliza el campo de valor antiguo para restaurar la base de datos a un estado consistente previo.

### Proceso

▼ Antes de que Ti comience su ejecución se escribe Ti starts.

▼ Durante su ejecución, cualquier operación *escribir* que haga Ti irá precedida de un registro de bitácora.

▼ Cuando Ti esté parcialmente confirmada se escribe <Ti commits>.

### Ejemplo:

<T0 starts>
<T0 , A, 100000, 50000>
<T0 , B, 200000, 250000>
<T0 commits>
<T1 starts>
<T1 , C, 700000, 600000>
<T1 commits>

Una posible salida sería:

| **Bitácora** | **Base de datos** |
|---|---|
| <T0 starts> | |
| <T0, A, 100000, 50000> | |
| <T0, B, 200000, 250000> | |
| | A = 50000 |
| | B = 250000 |
| <T0 commits> | |
| <T1 starts> | |
| <T1, C, 700000, 600000> | |
| | C = 600000 |
| <T1 commits> | |

Esquema de recuperación:

▸ undo (Ti): restaura todos los datos que Ti actualiza a sus valores originales.
▸ redo (Ti): asigna los nuevos valores a todos los datos que Ti actualiza.

Los datos, y sus valores antiguos y nuevos pueden encontrarse en la bitácora. Las operaciones undo () y redo () deben ser idempotentes.

Después de un fallo, el esquema de recuperación consulta la bitácora para determinar qué transacciones necesitan volverse a hacer y cuáles deshacerse:

Deshacer Ti si existe en la bitácora <Ti starts> pero no <Ti commits> Rehacer Ti si existen en la bitácora tanto <Ti starts> como <Ti commits>

### Ejemplo:

| a | b | c |
|---|---|---|
| <T0 starts> | <T0 starts> | <T0 starts> |
| <T0 , A, 100000, 50000> | <T0 , A, 100000, 050000> | <T0 , A, 100000, 50000> |
| <T0 , B, 200000, 250000> | <T0 , B, 200000, 250000> | <T0 , B, 200000, 250000> |
| | <T0 commits> | <T0 commits> |
| | <T1 starts> | <T1 starts> |
| | <T1 , C, 700000, 600000> | <T1 , C, 700000, 600000> |
| | | <T1 commits> |

a) Fallo en el paso escribir (B, b1) undo (T0)
b) Fallo en escribir (C, c1) redo (T0), undo (T1)
c) Fallo tras <T1 commits> redo (T0), redo (T1)

Si hay una nueva caída durante la recuperación se vuelve a empezar.

## 9.11.4 Gestión de registros intermedios

Implementación de un sistema de recuperación que garantice la consistencia de los datos y que requiera un tiempo extra mínimo.

### Buffering de registros de bitácora

La grabación de un registro de bitácora en el disco en el momento que se crea tiene un gasto extra: la grabación en memoria estable se realiza por unidades de bloques. Un registro de bitácora es mucho menor que un bloque, luego la grabación de un registro de bitácora se traduce en una grabación mucho mayor en el nivel físico.

Conviene grabar varios registros de bitácora de una vez, luego el registro de bitácora puede residir en memoria volátil durante mucho tiempo antes de grabarse en el disco.

Puesto que dichos registros se pierden si el sistema se cae, se necesitan requisitos adicionales para garantizar la atomicidad de la transacción:

▸ La transacción Ti entra en su estado confirmado después de haberse grabado en memoria estable <Ti commits>.

▸ Antes de que <Ti commits> pueda grabarse deben haberse grabado todos los registros de bitácora pertenecientes a Ti.

▸ Antes de grabar en la base de datos un bloque que está en memoria principal deben haberse grabado en memoria estable todos los registros de bitácora que pertenecen a los datos de ese bloque.

### Buffering de la base de datos

Si es necesario sobrescribir un bloque B1 en memoria principal, al traer un nuevo bloque B2, Si B1 se ha modificado, debe grabarse antes de la entrada de B2 luego todos los registros de bitácora que pertenecen a datos que estén en B1 deben grabarse.

Secuencia de acciones:

1. Grabar los registros de bitácora pertenecientes a datos de B1.
2. Grabar B1 en disco.
3. Traer B2 a la memoria principal.

## 9.11.5 Puntos de verificación

Cuando ocurre un fallo, se consulta la bitácora para determinar qué transacciones necesitan volver a hacerse y cuáles necesitan deshacerse.

Problema:

- Consumo de tiempo.

- La mayoría de las transacciones ya se han escrito. Aunque volver a hacerlas no hace daño, consume mucho tiempo.

Para reducir gastos de tiempo extra se utilizan **puntos de verificación**.

Durante la ejecución, el sistema mantiene la bitácora con una de las dos técnicas anteriores. Además, periódicamente realiza *puntos de verificación* que consisten en la siguiente secuencia de acciones:

1. Grabar todos los registros de la bitácora.

2. Confirmar todas las transacciones parcialmente confirmadas en el momento del punto de verificación.

3. Escribir en la bitácora un registro *<checkpoint>*, en memoria estable.

## 9.11.6 La bitácora

Cuando se realiza un punto de verificación, se realizan los tres pasos descritos para una sola transacción, pero en el registro <checkpoint> se añade la lista de transacciones activas en el momento del punto de verificación.

&lt;checkpoint L&gt;

Donde L es la lista de transacciones **activas** en el momento del punto de verificación. Cuando el sistema se recupera de una caída, construye dos listas:

- Lista de deshacer.
- Lista de volver a hacer.

El procedimiento de recuperación procede como sigue: se examina la bitácora hacia atrás hasta el primer punto de verificación.

- Por cada registro <Ti commits>, se añade Ti a la lista de volver a hacer.

- Por cada registro <Ti starts>, si Ti no está en la lista de volver a hacer, se añade a la lista de deshacer.

- Finalmente, se comprueba la lista L. Para cada transacción que no está en la lista de volver a hacer, se añade a la lista de deshacer.

Una vez construidas las listas, la recuperación procede así:

1. Se vuelve a examinar la bitácora hacia atrás y se hace undo (Ti) para cada transacción en la lista de deshacer.

2. Se continúa hacia atrás hasta localizar el registro <Ti starts> para todas las transacciones en la lista de volver a hacer.

3. Se examina la bitácora hacia delante y se ejecuta redo (Ti) para todas las transacciones en la lista de volver a hacer.

# SÍGUENOS EN INSTAGRAM Y ACCEDE GRATIS A NUESTRA BIBLIOTECA DIGITAL DURANTE 30 DÍAS.

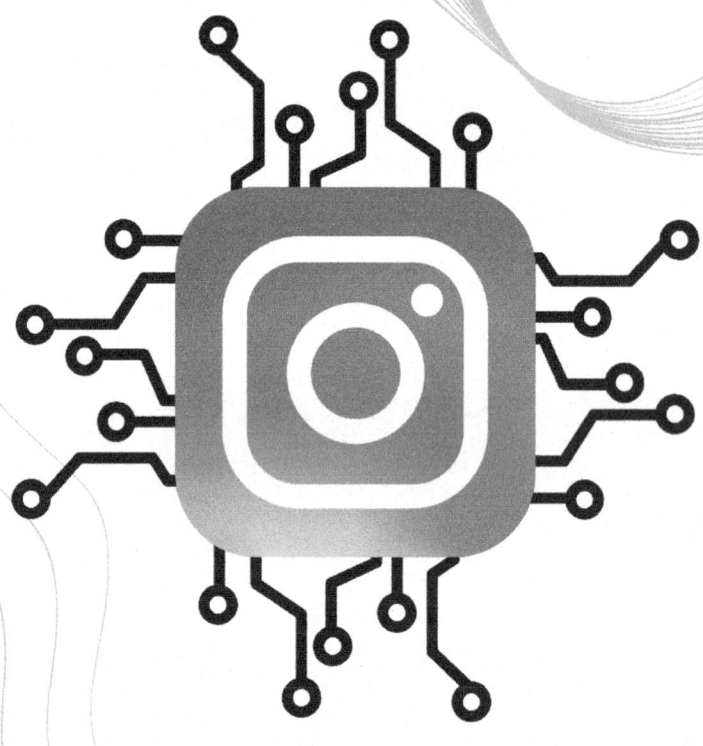

# @grupoeditorialrama

¡ENVIANOS TU MAIL POR PRIVADO!